产品研发质量管理

翁 明 孙 磊 著

中国财经出版传媒集团

经济科学出版社
Economic Science Press

·北京·

图书在版编目（CIP）数据

产品研发质量管理/翁明，孙磊著 . -- 北京：经济科学出版社，2023.12

ISBN 978 - 7 - 5218 - 5256 - 1

Ⅰ. ①产… Ⅱ. ①翁…②孙… Ⅲ. ①产品开发 - 质量管理 Ⅳ. ①F273.2

中国国家版本馆 CIP 数据核字（2023）第 194720 号

责任编辑：李一心
责任校对：郑淑艳
责任印制：范　艳

产品研发质量管理

翁　明　孙　磊　著

经济科学出版社出版、发行　新华书店经销

社址：北京市海淀区阜成路甲 28 号　邮编：100142

总编部电话：010 - 88191217　发行部电话：010 - 88191522

网址：www. esp. com. cn

电子邮箱：esp@ esp. com. cn

天猫网店：经济科学出版社旗舰店

网址：http：//jjkxcbs. tmall. com

北京季蜂印刷有限公司印装

787×1092　16 开　15.75 印张　275000 字

2023 年 12 月第 1 版　2023 年 12 月第 1 次印刷

ISBN 978 - 7 - 5218 - 5256 - 1　定价：48.00 元

（图书出现印装问题，本社负责调换。电话：010 - 88191545）

（版权所有　侵权必究　打击盗版　举报热线：010 - 88191661

QQ：2242791300　营销中心电话：010 - 88191537

电子邮箱：dbts@ esp. com. cn）

序　言

本书是关于研发质量管理各个方面的系统性理论认识和实践经验的总结，写给实践者们，希望对他们的实践应用有所帮助。

也许你会问，你们已经写过一本《设计开发质量管理》了，为什么还要再写一本《产品研发质量管理》，这两本书之间有什么区别吗？

我的回答是：基于人的正确思想产生过程，即"实践→认识→再实践→再认识"这个不断循环往复的上升螺旋，这两本书互为补充，《设计开发质量管理》侧重于研发质量管理实践，是一本入门操作指南，可以作为工具书使用。但是，工具书会有一个明显的缺点——通用性不强，无法满足不同公司和产品的实际应用。本书侧重于产品研发质量管理的理论认识，更具备普适性，更加切合实际。本书由指导思想、理论认识、通识与专业能力，以及实践方法组成，像一位导师一样，在你工作的过程中帮助你和指导你，助力你更好更深刻地去认识和实践产品研发质量管理工作。

第1章为研发质量管理指导思想。

研发质量管理入门门槛不高，但是要做好真的非常非常困难，你能不能做好研发质量管理工作，并不取决于你个人能力有多强大，而是取决于你能团结多少的力量，向着一个方向去努力，做研发质量管理，不要幻想有什么"葵花宝典"，可以让你一学就会，一用就对，那样只会让你丧失平衡感，成为一个依葫芦画瓢的人，你真正要学的是质量管理的思想方法，只有当你学通之后，未来不论你遇到什么情境，都能活学活用，所以，请记住六个字：慢慢做、慢慢悟。

要想做好研发质量管理工作，掌握正确的思想方法是最基本，也是最重要的。因为思维决定行为，行为决定结果。只有思想方法正确了，才能在实际工作中少犯错误，或不犯大错误，这是首要，也是最基本的条件。

　　不知你有没有这种感受，参加专业课培训，你学到的很多知识、方法和技巧，学的时候听起来头头是道，在老师的案例中应用起来效果也很好，但当你回到工作中遇到实际问题时，却发现很难用，或者用起来了却没有达到预期的效果，根本原因就是你只学了"术"，却没有学到"道"，"术"要产生效果是要有前提条件的，只能放到特定"情境"中去才行。

　　"术"就是谋略、战术、手段、教程和技巧等，它很难有长期效应，短时效应是明显的，但是从长期角度来看就没什么用了，就像玩游戏一样，大家如果有攻略的话，玩得肯定是好一点，但是攻略不能让你成为游戏高手，到了职业选手的水平，攻略就没用了。

　　"道"就是因果、规律、原理、本质和思想，短期效果很难见到，但长期效果是比较好的。

　　中国传统很重视"道"和"术"的二分法，如果你的水平只停留在"术"的阶段，你能做的事情很少，你的发展潜力也很有限。

　　举例：

　　你能胜任现在公司的电脑开发的研发质量管理工作，但当你换到另外一家公司去做模具开发的研发质量管理工作时，你就不知所措了。

　　这就意味着，你的专业能力过于具体了，换个环境或行业就无法迁移，不具备普适性。

　　但如果你通过学习，上升到"道"的层次，你就能够举一反三、一通百通，把你放到任何一家公司去做产品研发质量管理工作，你都可以无师自通，很快适应和胜任，因为你已经掌握了研发质量管理更抽象、更有普遍性的规律。

　　这就是孔子推崇的"君子不器"。

　　第2章为研发质量管理理论认识。

　　要做好研发质量管理工作，对于什么是质量、什么是质量管理，什么是研发质量管理，以及它们之间的关系的正确认识和理解是我们必须要弄清楚的。

　　如果你不清楚，那么自然在工作中，思考、沟通、做事也是不清不楚的，因为理解不同，甚至错误理解，很容易在沟通时跟别人产生误解、争执和矛盾。

　　如果对概念理解不一样，看似我们现在面对面交流，似乎在讲同一件事情，但实际上却是南辕北辙、鸡同鸭讲，是无效沟通，不会有我们都期待的结果。

我们要做到专业，首先就需要能够清晰认识质量和研发质量管理，这是一切的基础，正是这些构成了研发质量管理专业的底层知识体系。

第 3 章为研发质量管理通识能力。

通识能力强调的是广度，是隐性能力，看上去好像没什么用，实际上对于我们质量人是极其重要的，是我们做好研发质量管理必须具备的底层知识储备，需要日积月累和持续不断地更新，影响的是我们对于研发质量管理工作的理解能力、看待事物的眼界和高度、与人合作的人际关系和共情能力……

要做好研发质量管理工作，不仅需要知道自己的工作是做什么的，怎么做的，还要了解跨业务部门成员的工作是做什么的，怎么做的，知己知彼才能百战不殆。

还要全面熟悉产品生命周期和产品研发过程、研发质量管理工作流程和各阶段工作任务是怎样的，既要有全局观，也要抓具体实践细节。

还需要升级研发质量管理认知：知道我们的核心竞争力是什么；知道注意事项有哪些，要做什么，不要做什么；知道研发质量管理的底层逻辑是什么；知道研发质量管理需要具备的最重要的能力是什么。

第 4 章为研发质量管理专业能力。

专业能力追求的是深度，是显性能力，必须掌握，一定有用，务必得到领导的赏识和大家的认可，这同样需要日积月累和持续不断地更新。

研发质量管理方法、技能和工具很多，要知道哪些才是质量人必备的技能。

研发质量管理工作任务很多，需要区分轻重缓急，哪些才是质量人的核心工作，哪些是重要工作，哪些是一般工作。

把这些学会、学懂、学通，能够熟练运用起来，就能成为专业的研发质量管理人才。

第 5 章为研发质量管理实践之旅。

这是一次研发质量管理实践的模拟飞行之旅。

我希望这段旅程不是直接告诉你们答案，而是通过我们的带教和指导，让你可以真正感受研发质量管理的工作实践，洞悉现象背后的根源和探究现象背后的本质，结合自己公司实际情况进行类比，再不断归纳、总结和优化，继而演化出符合自身公司实际的研发质量管理方法。

很多人在读书和学习中，喜欢拿来主义，喜欢"一招鲜"，不喜欢自己去思考和实践，然而每个公司自身业务情况、在行业中的地位、实际所处的竞争环境等都是各不相同的，且总在持续发生变化，我不建议大家完全照搬书中讲述的过程和方法，照猫画虎地去做自己公司的研发质量管理，因为确实找不到一种产品研发质量管理的方法可以适用于所有公司。

思想方法＋通识能力＋专业能力＋实践经验＝个人能力，构成了你的核心竞争力，读书只是开始，希望未来的你能够不断自我进化、自我进步和自我完善，实现有质量的发展。

欢迎加入我们的产品研发质量管理实践之旅，这将是一次无与伦比的体验，就此启程！

目　　录

第1章

研发质量管理指导思想

如果你是一个刚从校园毕业进入公司的新人。

首先要学习的是转变自己的思维方式，你离开"校园"到"公司"上班，要做的第一件事是从"学生思维"转变为"工作思维"。

学校和公司是两种完全不同的环境，要求也是完全不一样的，在学校里，学生上课是有课程表的，学习是有教材的，考试是有标准答案的，评判学生好坏的唯一标准就是考试成绩，这时，学生最主要的思维方式是"答案思维"。即老师给出一个考题，学生去找"正确答案"。但是当你来到"公司"以后，如果还按"答案思维"去做你的工作时，是很容易出问题的，也不会得到领导的赏识。

举例：

公司有个重要客户要从外地过来，老板让你找行政部申请一辆车子去接客户到公司。

你接到任务后，立即找到行政部负责车辆管理的人，把你的需求提了出来，这时候对方告诉你："不好意思，你来晚了，公司3辆车都已经派出去了，现在没有车子了。"你听后，就回去答复："老板，我去过行政部了，公司3辆车子都有任务，没有车子了。"然后你就站在那里等老板下一步指示，此时的你，认为你的任务已经完成了，因为你把你做的"答案"已经告诉老板了，至于车没订到，和你没关系，因为你已经通知到他们了，没车那是行政部的问题。

作为老板，听到你这样的答复，一定是不满意的，因为他要的是"结果"、是"方案"，而不是你给他的"答案"。

工作后，你要从学校的"学生思维"即"答案思维"转变成公司里的"工作思维"即"结果思维"。

这个任务正确的处理方法是：首先和客户联系，获取客户此次来访行程信息，然后去行政部提交车辆申请，知道行政部没有车子后，不是马上回去把这个

"答案"告诉老板，而应该强调此次客户的重要性，并明确提出要求，请行政部安排备选车辆或给出其他"可选方案"供你选择，你只有落实并拿到解决方案后才能离开。此时不是急着回去汇报，而是继续联系客户，将车辆和司机安排信息同步给客户。然后打印一份"接送"客户的行程信息表，内容至少包含：师傅姓名和联系电话，车辆信息，客户人数、姓名、职务，谁带队，客户入住酒店信息，客户行程时间安排信息，客户着重想看想了解的信息，客户想见公司谁等信息，全部完成汇总后打印出来，一并汇报给老板，这才是你的工作，你的职责。而不是像个传声筒一般把问题又踢回给了老板，等着老板再告诉你下一步你该怎么做。

通常来说，在学校的学习中，学什么，为什么学，怎么学，如何才能考出好成绩，从一开始你的确定性很高，这时你做事的出发点基本上是以目标为导向的。

举例：

新学期开学，你就会知道学期末要期终考试，考试的科目、考试的范围都是明确的，要想考好，你只要上课前做好预习，上课时认真听讲，下课后踏踏实实做好作业和实验，记住知识点，熟练掌握知识的应用，考试的成绩就不会差。

但在职场中，学什么，怎么学，如何才能得到老板或领导的赏识，这些对你来说不确定性很高，也没人告诉你该怎么做才是正确的，这种情况下，往往你做事的出发点，就会不自觉地以你现在自身的条件作为导向。

举例：

领导交给你一个任务，要求你三天后交一份调研报告，作为新人的你通常回去后就会开始认真准备，甚至加班加点写报告，然后在截止时间前把报告交给领导。

看起来好像你这样做没什么问题，但在职场中实际情况大概率领导看到你的报告后会不满意，并让你重新写，这时候一定把你给愁坏了，因为你觉得你已经写得很好了，为什么领导不满意，他不告诉你，你也不敢问，他到底想要什么样的报告？

在学习阶段，你处于成长阶段，这时候的你通常都是先看目标，再反过来看条件，只要条件满足了，学习成绩就会很好。

但是进入职场阶段后，就会有一种心态，该学的都学完了，学习阶段已经结束了，现在开始只要努力工作就好了，这样停止成长以后的你，往往就会以自己的条件去看目标，就会出现上面写报告的问题，自己觉得已经写得很好了，就自认为目标达成了，还自我感觉良好，其实这样的你甚至连目标都是错的，你把三天后交报告当成了自己的目标，真正的目标其实是三天后提交一份能让领导满意的报告。

举例：

在职场中，这样一个场景你是否似曾相识：你和别人聊一件事情，聊完以后，有人会脱口而出，"这个事情太难了，做不到的"。

遇到这样的情况，你会怎么做，如果我遇到了，我会告诉他："这个毛病一定要改。"

虽然他是脱口而出的，但他也是经过评估过的，靠他自己这个事情确实太难了，做不到的。

但是，你以后要明白，职场和学校是不一样的，学校学习达成好成绩目标靠自己一个人是完全没问题的，职场目标设定不是先看你自己有什么条件，再去确定目标的，而是要靠公司平台和团队共同的力量，所以一定不能只站在自己的立场，评估自身条件后简单粗暴地去否决目标。

如果婴儿也是先根据自己的条件再来看目标，用这样的方式来进行成长，他这一生大概就只会爬了，因为在他的条件中他是不会走的，他充其量只是想办法爬得更好一点，他永远也不可能跑。

在学习、生活和工作中，你是怎么样在成长？你也许会说我也是在按照目标做事。其实很多时候，你觉得你在看着目标解决问题，实际那个目标是别人给你的，是他的目标，不是你的，因为你在上班，你要靠完成领导安排的目标拿工资养活自己，仅此而已。

你自己的目标需要自己去找，你现在很迷茫，不知道自己在干什么，不知道该干什么，其中有一个很重要的原因，就是你永远在根据自身现有的条件去寻找目标，如果用这种方式处理人生或职场的成长，你大概率也只有爬的能力，永远也不可能得到跑的结果。无论你的能力怎样，是要干大事还是要干小事，不管你是开一家小咖啡馆还是开一个大超市，记住——要反过来，先看目标再看条件。

举例：

如果你准备要开一家小咖啡馆，先盯着目标，再看需要满足哪些条件，罗列出来，条件都满足了，目标就能达成了。

第一个条件是资金投入，需要多少钱，本金你有多少、够不够，如果不够，你再坚持上半年班、一年班能不能存够。如果这样还差一点，那能不能找朋友帮一把，这样够不够？如果够了，资金投入的条件就满足了。

第二个条件是选址，在哪里开。那你的目的就是去找合适的店面，找到了，选址的条件就满足了。

第三个条件是需要帮手，自己一个人不够，那你的目的就是去找人，实在找不着人叫家人来帮忙行不行？如果可以，帮手的条件就满足了。

我们再看下一个条件，就这样一个条件一个条件地去解决，在实现一个个条件的过程当中，一定会有焦虑，也有可能会出现不舒适，这些都是很正常的，这是成长必经之路，坚持下去。

最后，小咖啡馆就能开业了，你的目标达成了。

如果你尽了全力，直到最后发现某个条件无法满足，这事你还是没有办法办成，那就没有办成，这有什么关系，婴儿从爬到走路，摔跤是常有的事，但这种做事的逻辑就是正确的。

先看目标，再看条件！

先看目标，再看条件！

先看目标，再看条件！

记住且执行这八个字，你就能超过这个世界上 90% 的人。

在职场中，老板招你过来，底层逻辑是公司有"需求"，有问题需要你来解决。如果把你招进来了，你不但不能解决问题，自己本身还是个问题，在职场中当然不会受欢迎的，这一点务必要记住。如果是你的职责范围，问题到你为止，逢山开路遇水搭桥，想尽一切办法把问题解决好，这才是你的价值。

在职场中，领导更关心这个人是否能够按时按质地完成自己交代的任务，更关注这个人是否能够为公司创造业绩和价值，这才是最最重要的事。

这里要强调一点，在职场中，学习只是手段，不是终极目的，我们的目的是要通过学习能把事情做好，做到极致，持续输出有价值的结果，才能构建出自己的核心竞争力。

我们要学习的思维方式是：在职场中，选择比努力更重要。

努力的重要性无须赘述，努力肯定没有错，努力可以使做某件事的程度加深，是成才的一个必要条件，选择决定了往哪个方向走，方向大于程度，这是一个常识，在正确的方向上，行一步就有一步的效果，只是快慢和机会获取上的区别。而在错误的方向上，越努力、走得越快，错得就越离谱。

这一点在职场上体现得尤其明显，在决定努力之前先花一点时间和精力在思考和选择上面，做出相对正确的选择，然后再去努力，在做的过程中边做边调整，才能获得最快最好的结果。另外我要提醒一下，即使你已经做出了选择，后来做的过程中发现错了，不要犹豫，及时止损，重新选择，不要因为觉得是自己的选择，无论对错，都要死扛到底，自己挖的坑自己负责埋，这是错误的思维方式。

现在我直接告诉你如何做出正确选择：在职场中，只要是能够让自己个人得到成长、专业技能得到提升，能够给团队、公司和客户持续创造价值的事情都可以选择去做。

在绝大多数公司中，你是谁其实没那么重要，你是什么性格也没那么重要，重要的是你是否能够把自己的工作认真且用心地去做好，并且不断地自我提升，把自己培养成一个职业选手，为自己和公司创造更大的价值。这时候你在公司中才能具有不可替代的地位，这样的你就真正具备了个人价值，具备了自己的核心竞争力，这才是你应该努力的方向。

举例：

别人不敢接的复杂项目，你敢接，且能够完成得非常漂亮。

谁都能做的简单项目，但是由你来做，不仅能够更高效、更高质量地完成，而且能比别人做得都更出色，甚至做到极致。

你要记住，让自己"值钱"，让自己对于公司来说"有价值"才是你成为高价值专业人才的"核心竞争力"。未来无论你在哪里，做任何事，它都能伴随你，是你自己的财富，是任何人都夺不走的，是你可以安身立命的东西。

如何才能让自己"值钱"，让自己对于公司来说是"有价值"的？

先说结论：你要构建自己的核心竞争力。

什么是一个人的核心竞争力？

用一句话归纳总结：你能够持续地产出有价值的结果。

就是在一个环境中，你不仅能够做完自己应该做的，还要能够比竞争对手做得更好，你的输出比竞争对手的输出更能够让"需求方"得到满足，甚至超出他的期望，让他满意。

即你不仅能够做完，还能够做好，更能够做到极致，持续不断地产出让需求方满意的结果。

如何构建自己的核心竞争力？

答案：首先学习"正确的思想"，其次学习"专业理论知识"，再次学习"通识能力和专业能力"，最后才能构建出自己的"核心竞争力"。

做到→做完→做好→做极致，不断学习，终身成长。

我们在上同样一堂课，都在认真听讲的前提下，有人听懂了80%，有人听懂了20%。

我们从事研发质量管理工作，打交道最多的就是"问题"，你是能够一眼就看透本质迅速解决问题，还是总是稀里糊涂忙着救火，两者之间是有巨大差距的。

为什么会出现这样的差距，根本原因就是人与人之间具有不同的知识结构、经历、认知和思维方式，产生这些不同的原因就在于是否能够保持不断学习和成长的习惯。

告诉你一个现实，进入社会后，你会重新发现学习的不一样和重要性。

或许你会觉得很多问题靠学习是解决不了的，但如果你不学习，你可能连问题都发现不了。

举例：

很多人应该都知道大侦探福尔摩斯，福尔摩斯和华生经常同去犯罪现场，看到同样的场景，但是福尔摩斯总能看到更多信息，做出很多正确的假设和结论，而华生却不能。

伦敦郊外一所空房子里有一具尸体，没有任何外伤。墙上有喷上的血迹，写了"复仇"两个字。

福尔摩斯和华生在现场走了一圈以后，告诉警察，凶手六尺高，脸很红，左手指甲留得很长，穿着方头的鞋，大约40多岁。

讲到年龄的时候警察下巴都要掉下来了，怎么可能，你又不是目击者，即使目击人都说不了这么详细的细节，你怎么会知道？

不过警察还是按照福尔摩斯提供的线索去抓人，结果真和福尔摩斯讲的一样。

华生是军医，也很聪明，为什么"看不到"福尔摩斯"看得到"的信息呢？

关键点就在于福尔摩斯已经具备了自己的核心竞争力。

华生后来请教福尔摩斯是如何知道那些信息的。福尔摩斯是这样解释的：我们人手很自然地写字的时候，通常是和眼睛一样高，墙上的字迹高度就可以推测出凶手身高。死者没有受伤，墙上的血迹就是凶手的，血压高的人，在很兴奋的时候会喷鼻血，这种人通常脸色也会发红。地毯上有鞋子的痕迹，尸体是圆头的鞋子，那么这个方头的鞋印就是凶手留下的。走路和我们的年龄相关，老人步履蹒跚，小孩步伐小，只有壮年人步伐最大，我看痕迹，四步就把房间跨过去了，说明这是一个壮年男子。为什么我不说他是 20 多岁，因为一般年轻人不会得高血压，所以应该是中年男子。

同样的信息在环境里面，有通识能力和专业能力的人，一眼就看透了本质，没有相应知识的人，看见了，又什么都没看见。所以，大家知道为什么学习这么重要，为什么你今天离开学校以后，仍然要不停地学习新的知识，不然的话，未来当你面对专业问题需要给出你的意见和判断时，你能怎么办？

工作中的学习不是像学校一样，学完了知识点再参加考试，而是要边学边做边调整的，遇到问题先做调查研究，具体情况具体分析。这时候，最重要的是要清楚自己的目标是什么，达成目标的条件和手段有哪些，自己有什么没有什么，能不能借力，什么有用学什么，但要明白，不是学个皮毛哦，专业知识点要往深里学，在这个知识点上做到可以和专业人员相同的程度，我自己的要求是学了就要超过 90％ 的同行。

举例：

有一个演员，名字叫张震，他不像明星一样为大众所知，但真正喜欢电影的观众，没有不认识张震的，他的职业是演员、歌手，他对得起自己的职业。

他获得大阪电影节最佳男主角奖和亚洲璀璨之星最佳男演员奖，亚洲电影大奖最佳男演员奖提名，4 次台湾金马奖最佳男主角奖提名，3 次香港金像奖最佳男配角奖提名等，这些令人瞩目的奖项绝不仅仅是因为幸运，而是实至名归。作为一名演员，他工作认真，善学习，能吃苦，默默地不断打磨自己。

拍《赤壁》，为演孙权他熟读三国；

拍《建党伟业》，他又把民国史熟记于心；

拍《深海寻人》，他考到了 PADI 潜水执照；

拍《吴清源》，他的围棋水平已能压制专业三段；

拍《一代宗师》，他拿了神枪杯八极拳武术比赛冠军；

拍《聂隐娘》，他学会了近身剑术；

……

要想做好研发质量管理工作，不仅要精通自己的专业，还要熟悉跨业务部门专业的知识，有必要吗？

有必要，我们做研发质量管理，会和不同部门、不同专业的人员沟通交流，质量目标、质量标准也会涉及不同部门、不同专业。如果你对跨专业知识一无所知，或一知半解，或知之甚少，你们之间是无法有效沟通的。这就需要你去学习，深度可以不深，但广度一定要有，涉及跨业务部门专业相关的工作职责、流程、规范、标准、程序、产品相关基础知识、常见问题等必须要非常了解，否则无法做好研发质量管理工作。

举例：

在我国东部有一种竹子叫毛竹，毛竹种植后四年只生长 3 厘米左右，但等到第五年之后，从某个瞬间开始，就疯狂生长，以每天几十厘米的速度飞快生长，直至长到 25 米的高度，神奇吧，事实上毛竹在那四年并不是没有生长，它的根系一直在土壤里向地下延伸扎根，为将来的飞跃做着有条不紊的准备，待时机一到，它会生长得比任何植物都快、都高。

我们专业养成也是如此，不要担心学习的付出会没有回报，你努力的过程就像是竹子在扎根一样，或许一开始从表面上看不出有什么区别，但是日积月累，就会产生从量变到质变的飞跃，只要耐心不断坚持，那些默默积攒的时光看似黯淡，却总会有光芒乍现的那一天。

在未来工作中你会发现有这样一种现象，很多人离开学校后就再也没有看书和学习的习惯了。也许在他们心中是这样认为的，我都已经从大学毕业了，就代表学习阶段的任务已经终结了，往后余生最重要的事就应该是工作赚钱。

如果你也这样想，我要很严肃地提醒你，这是大错特错的。我希望你要清楚明白，即便走进了你心仪的好公司工作，不论你从什么学校毕业，拥有什么学历，你都要调整好自己的心态，把自己重新归零，告诫自己：从现在开始，保持空杯心态，重新出发，不断学习，终身成长！

在职场中，学习是一个从获取知识到应用知识去指导实践的过程。

如果能做到不断学习，那么无论你想往哪个方向去，想学什么新技能，要达成什么目标，想解决什么问题，当没人告诉你该怎么办的时候，你都不会惊慌失措，也不会轻易选择逃避，你不需要别人手把手来教你，都能迎难而上，自己制订学习计划，自己寻找学习路径，独立自主地去学习、去实践、去决策、去改进，而且能够在很短的时间内学会、学通并付诸行动，达成目标。

这是正确认识事物发展的过程，是一个主动收集数据和信息，然后学习，再实践评估反馈，接着调整后继续实践和复盘反思的过程，是螺旋式自我学习，自我发展，自我提升循环往复的过程。

这个习惯的养成并不是可以一蹴而就的，它需要你有正确的思想方法，扎实掌握很多与你从事专业相关的学科基础理论知识，才能提出合乎逻辑的解决方案，是从感性到理性，是实践＋理论相结合的综合能力，也是最基础和最重要的能力。

如果你不具备这项技能，遇事就问别人怎么办，遇困难就退缩，在职场中很容易陷入"低质量循环"的陷阱，每天看着忙忙碌碌，实际却是每天都在盲目重复昨天的事情，自认为自己在某个行业、某个专业有超过 10 年的工作经验，然而你承担的职责，你能解决的问题，换个人做半年就能达到你 90% 以上的成绩，谈何竞争力？

正确的思想从哪里来的？

是读书来的吗？

不是。

是自己头脑里固有的吗？

不是。

正确的思想，只能从实践中来，正确的思想的产生是一个过程，即从实践到认识，又从认识到实践的过程。只读理论是没有用的，必须理论结合实际，理论结合自己，理论结合实践，做到知行合一，才能真正变成自己的，能够帮助自己不断发展和成长的正确的思想。

你要做事，就要有看法和方法，就要由思想来指导，哲学思想就是我们正确看待事物、分析和处理问题的立场、观点、方式的思想方法。

举例：

在职场中，做人做事要态度端正、积极主动，这就是正确的思想方法。反之，整天消极抱怨、做事拖拉就是错误的思想方法。

思想方法就像是一张航海图，别人已经做好了，你照着航海图航行就行了，只要不偏航，你就一定能够到达目的地。

把《毛泽东与陈云的"窑洞对"》和《毛泽东选集》里的两篇文章《实践论》《矛盾论》，多读几遍，边读边思边悟，结合自身实践活动，再调整、归纳和总结，如此不断循环往复，就能从中找到、学到能够帮助我们做好研发质量管理的正确的思想。

学哲学用哲学可以有许多教材，历史证明，毛泽东的"两论"，对于我们来说是最好的马克思主义哲学入门的教材。

"两论"通过批评两类人：

◇　一类是教条主义者，他们说起来头头是道，干啥都不行，还抱怨一大堆；

◇　另一类是经验主义者，每天没完没了地加班，虽然也辛苦，但却是盲目地在工作。

向我们揭示了辩证唯物主义中的认识论，即知行合一法则。和辩证唯物主义中的唯物辩证法的实质和核心：矛盾的法则。

"两论"很有名，但是很多人都并没有认真去阅读、思考和领悟，似乎只是记得几句座右铭式的结论，对于其中蕴含的思想、方法、根本立场和指导意义往往是云里雾里，似懂非懂，对这样的智慧宝藏而言，无疑是一种莫大的浪费。

学习哲学思想的过程，就是思维蜕变的过程，正所谓磨刀不误砍柴工，我让你一开始就先从阅读和理解"两论"开始，就是希望你能够学习掌握马克思主义哲学，打好思想认识理论基础，避免错误思想。掌握认识世界和世界发展最普遍、最根本的法则，建立正确的世界观，用方法论来指导自己脚踏实地、实事求是地做好每一件事，最终形成你独有的思维体系。

1.1　"枣园对"、实践论和矛盾论

1.1.1　"枣园对"①

这是延安时期陈云与毛泽东"三问三答"，领悟中国共产党实事求是思想路线，创造"不唯上、不唯书、只唯实，交换、比较、反复"十五字箴言和嘱咐后代"学习哲学"的故事。

陈云对于"怎样才能少犯错误，或者不犯大的错误"这个问题思索良久，但一直没有找到答案。前后三次向毛泽东请教，并系统研究毛泽东著作和他处理问题的方法，领悟了实事求是思想方法的精髓和重要性。

在延安的时候，陈云曾以为自己过去犯错误是由于经验少。

毛主席对他说，你不是经验少，是思想方法不对头，要他学点哲学。过了一段时间，毛主席还是对他说犯错误是思想方法问题，并以张国焘的经验并不少为例加以说明。第三次毛主席同他谈这个问题，仍然说犯错误是思想方法问题。

---

① 中国共产党新闻网，魏雪莲：《重温"枣园对"——实事求是铸党魂》，http：//cpc. people. com. cn/nl/2022/0629/c443712 - 32460182. html。

后来，陈云把毛主席从井冈山到延安写的著作都找来看，研究毛主席处理问题的方法。同时再次考虑，错误到底是从哪里来的？陈云得出一条结论，是由于主观对客观事物认识上有偏差。凡是错误的结果都是由行动的错误造成的，而行动的错误是从认识的错误来的。认识支配行动，行动是认识的结果。

人之所以犯错误，都是由于不了解实际情况就匆忙地决定对策，主观与客观相脱离。当然，过去所以犯错误，也不是对实际情况一点都不了解，只是了解的情况是片面的，而不是全面的，误把局部当成了全面。片面的情况不是真正的实际，也就是说，它并不合乎实际。

就这样，循着毛泽东的点拨和教导，从思考"错误到底是从哪里来"，到从思想方法上、哲学上思考错误的根源，到认识到错误源自"主观对客观事物认识上有偏差"，再到将犯错误的原因聚焦到"误把局部当成了全面"、少犯错误的难点在避免认识上的"片面性"，陈云终于对自己苦思多年的问题恍然大悟、豁然开朗，领悟了实事求是这个"基本思想"。不仅如此，陈云以他独特的思想历程，辟出了一条以"怎样才能少犯错误，或者不犯大的错误"为切入点，领悟实事求是、走出"经验主义"窠臼的独特路径，这也是他领悟掌握辩证唯物论思想方法的独特思想逻辑。

经过这样一段艰辛的思想探索历程，陈云充分认识到掌握实事求是科学思想方法的极端重要性。

在领悟到实事求是这个基本思想之后，陈云的思想步伐并没有停止，而是在深入研读毛主席著作的基础上，继续沿着"怎样才能做到实事求是"进行了探索性、创造性思考，由此总结和概括出了"十五字诀"，为他与毛泽东的"枣园对"结出了已经载入史册和"党书"的丰硕成果。

怎样才能做到实事求是？

陈云的总结就是十五个字：不唯上、不唯书、只唯实，交换、比较、反复。

这十五个字，前九个字是唯物论，后六个字是辩证法，总起来就是唯物辩证法。

➤ 不唯上，并不是上面的话不要听。

➤ 不唯书，也不是说文件、书都不要读。

➤ 只唯实，就是只有从实际出发，实事求是地调查研究处理问题，这是最靠得住的。

➤ 交换，就是互相交换意见。

➢ 比较，就是上下、左右进行比较。

➢ 反复，就是决定问题不要太匆忙，要留一个反复考虑的时间。

在领悟实事求是思想方法的心路历程中，陈云从和毛泽东"枣园对"中得到的最大启示，就是要做到少犯错误、不犯大错误，光有经验是不够的，更重要的是要从思想方法上也就是用马克思主义哲学看问题。毛泽东的指导和点拨，使陈云"受益很大"，使他充分认识到了学习哲学、学好哲学的重要性，并将之作为"思想上的基本建设"。

1.1.2 实践论

1.1.2.1 毛泽东写《实践论》的目的

毛泽东写《实践论》的目的就是要用马克思主义的认识论观点去揭露党内看轻实践的教条主义和长期据守于自身片段经验的经验主义这两类同志的错误思想而写的。

1.1.2.2 中心思想

马克思主义认识论是建立在实践基础之上的，揭示了认识发生、发展的内在机制和规律，是科学的世界观和方法论的重要组成部分，如图 1 - 1 所示。

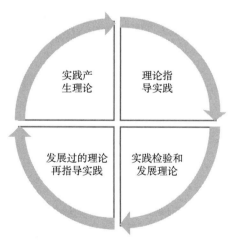

图 1 - 1 实践论中心思想

1.1.2.3　认识和实践的关系

也就是理论和实践的关系。

在理论和实践的相互关系中，实践是理论的基础，理论依赖于实践；实践产生理论，理论能够指导实践；实践检验和发展理论；发展过的理论继续指导实践，不断循环往复。

认识的根本目的是能动地改造世界，一切理论的成果，都是为实践服务的，离开了实践，理论是没有意义的，因此，要理论联系实际，学以致用。

1.1.2.4　认识的发展过程是怎样的？

实践是认识发展的来源，如图 1－2 所示。

图 1－2　认识的发展过程

人的认识的发展过程分为三个阶段：

（1）认识的第一阶段是感性认识，通常以感觉、经验的形式表现出来，是认识的初级阶段；

（2）认识的第二阶段是理性认识，通常以思想观念或理论体系的形式存在，是认识的高级阶段；

（3）认识从感性认识到理性认识，这还只是认识发展过程中的一定阶段，要完成对一个具体客体的认识过程，必须继续从理性认识回到实践中，用发展过的理论再指导实践，实现认识过程的第二次飞跃。

举例：

学游泳，如果只看书本教材、视频教学或者教练教导这些理论知识，即使你已经把游泳动作、步骤、呼吸方式、注意事项等都背熟了，也只能说明你对游泳有表面的认识，并不代表你已经学会游泳了，更不可能拿这些理论知识去教别人游泳。

任何人要认识事物、学习技能，只能同那个事物接触，即实践于那个事物的环境中。你要想学会游泳，就得亲自下到水里去游一游，去感受身体在水中的那种感觉，在浅水区尝试着走两步，划几下，找找游泳的感觉，刚开始可以借助浮力板，克服怕被水淹的心理障碍，一次不行，两次，两次还不行，三次……直到扔掉浮力板也不再下沉，即使动作像狗刨也没关系，随着游的次数的增多，慢慢你就会找到游泳的感觉了，对游泳相关概念的理解也会更深刻了，这时可以尝试学一学专业的蛙泳，或蝶泳什么的，这时候你对这些标准泳姿的理论理解就不再表象和片面了，通过实践，知道标准动作该怎么做了，呼吸该如何做了，因为这时候心中有概念了，继续学习，再进一步纠正泳姿，改善呼吸，提升体能等，如此循环往复，游泳这项技能才会越来越熟练，这就是认识发展过程的客观规律。

1.1.2.5　认识的三种主观主义错误

人的认识常常会犯以下三种主观主义错误，有了这些错误之后，人的认识得不到进一步发展，用错误的认识去指导实践，就会犯错误，在实践中就会栽跟头。

第一种错误：教条主义。理论之所以靠得住，那是因为得到了实践的证实。教条主义者没有认识到许多理论是不完全的，是有时效性的，甚至许多理论是错误的，这些都需要经过实践去纠正其不完全性，纠正其错误。教条主义者更没有认识到通过实践还可以发展理论。理论脱离了实践，就会变成无对象的理论。

第二种错误：经验主义。经验、感觉、印象都是片面的、表面的，不能反映事物的本质。要把握全局，发现事物的本质，就必须从感性认识跃进到理性认识，形成概念和理论系统。实践若不以理论为指南，就会变成盲目的实践。

第三种错误：机会主义。机会主义包括"左"倾机会主义和右倾机会主义。所谓"左"倾机会主义是指思想认识和行为超越了当前的客观实际情况，把幻想当作真理，表现为太激进，空谈，自由主义、冒险主义、盲动主义。所谓右倾机会主义是指思想认识和行为落后于当前的客观实际情况，不能随变化了的客观实际情况而前进，表现为太保守，顽固，保守主义、投降主义、妥协主义。

在认识的发展过程中，我们自己要尽力避免这三种错误，在工作和处理问题时，也要引导他人不要犯这三种主观主义错误。

1.1.3　矛盾论

1.1.3.1　毛泽东写《矛盾论》目的

毛泽东换了一个视角，试图从方法论的角度继续批评教条主义这种主观主义错误。

1.1.3.2　中心思想

（1）要树立辩证唯物论的世界观，这个世界观主要就是教导人们要善于辩证地去观察和分析各事物的矛盾的运动，并根据这种分析，指出解决矛盾的方法。

（2）要掌握唯物辩证法这个方法论，承认矛盾，研究矛盾，切忌带主观性、片面性和表面性，要具体情况具体分析，抓住主要矛盾，用不同的方法去解决不同的矛盾，这是必须严格遵守的一个原则。

1.1.3.3　什么是矛盾？

必须指明的是，哲学话语中的"矛盾"根本区别于日常生活中常说的思维或语言中的"逻辑矛盾"和差异产生问题时所说的"矛盾"。

定义一：指心理、思维或者语言中的"逻辑矛盾"。

是胡言乱语，心理、思维混乱的表现。

举例：

《韩非子·难一》——自相矛盾。

楚国有个卖矛又卖盾的人，他首先夸耀自己的盾，说："我的盾很坚固，无论用什么矛都无法穿破它！"然后，他又夸耀自己的矛，说："我的矛很锐利，无论用什么盾都不能不被它穿破！"有人问他："如果用你的矛去刺你的盾，会怎么样?"那个人被问得哑口无言。什么矛都无法穿破的盾与什么盾都能穿破的矛，不能同时出现。

定义二：人与人关系出现问题，交付物与验收标准之间产生差异，这里的问题和差异就是矛盾。

举例：

你和同事 A 关系不错，有一天他找你借钱，被你拒绝了，你会明显感觉到你们之间关系变了，下次你找他帮忙，他也不再那么热情了，你和他之间已经产生了矛盾。

你已经提前把零件验收标准给到了供应商，收货验收时发现交付物和验收标准之间不符合，即你要的是"A"，供应商却给了你"A -"，差异产生了，有矛盾了。

定义三：哲学研究的矛盾，是辩证矛盾，是存在于客观事物内部和事物之间各要素之间的对立统一关系。

从认识世界的角度看，万事万物的存在都需要一个客观前提，有前提条件就是要有对比，这个相对的对比关系就是矛盾。

通俗讲就是任何事物都是一体两面的，既有好的一面，也有不好的一面。

举例：

我们做产品研发质量管理，会涉及产品测试，有测试就会发现问题，而我们做研发质量管理最希望的就是产品没有问题或问题少一点，但是不能因为不希望产品有问题就把测试这个环节给取消了，这就是辩证矛盾。

1.1.3.4 什么是对立统一？

对立统一即矛盾，相互排斥又相互依存，即一方以另一方的存在为自己存在的前提，又在一定条件下向另一方转化，既对立，又统一。

简单来讲，所谓对立的方面，就是我们常说的任何事物都有两面性，正面和反面，过去和将来，发展的和没落的方面。所谓统一的方面，就是我们常说的你中有我我中有你，相互依存、相互联系、相互转化的方面。

举例：

日有升有落，月有盈有缺，人有得意有失意，这就是对立。

但同时日月盈昃，春华秋实周而复始，人生也是物极必反，否极泰来，这就是统一。

1.1.3.5　什么是矛盾的普遍性？

矛盾的普遍性是指矛盾存在于一切事物中，存在于一切事物发展过程的始终，旧的矛盾解决了，新的矛盾又产生了，事物始终在矛盾中运动。

即矛盾无处不在，无时不有，事事有矛盾，时时有矛盾，这就是矛盾的普遍性原理。

举例：

我们小时候经常被父母逼着好好学习，学习又是一件很辛苦的事情，我就总会想快快长大，以为长大了就不会有学习的烦恼了。我现在已经毕业工作很多年了，学习的压力确实没有了，但是工作的压力来了。这时候我又会想，赶紧退休吧，退休了就没烦恼了。真的是这样吗？你可以去问问那些退休的人，他们会告诉你，工作压力是没有了，但是身体健康常常出问题了，很是让他们苦恼。

1.1.3.6　什么是矛盾的特殊性？

矛盾的特殊性是指具体事物在其运动中的矛盾及每一矛盾的各个方面各有其特点。

（1）不同事物的矛盾各有其特点。任何物质形式，其内部都包含着本身特殊的矛盾。这种特殊的矛盾，就构成一事物区别于他事物的特殊的本质。这就是世界上诸种事物有千差万别的内在的原因。世界上没有两个一模一样的人。

举例：

你从 A 公司跳槽去了 B 公司，你把在 A 公司成功运行很多年的质量管理体系照搬到了 B 公司，结果却失败了，你百思不得其解，认为 B 公司的人不行，不肯配合和支持你的工作，但根本原因是你没有认识到 A 公司和 B 公司是两家不同的公司，它们各有其特点，你用同样的质量管理方法去管理不同的对象，失败碰壁是大概率的。

（2）同一事物的矛盾在不同发展过程和发展阶段各有不同特点。事物在发展过程中，由于矛盾的斗争使主、次矛盾以及同一矛盾的两个方面的地位转换，引起事物的发展呈现出阶段状。

举例：

产品规划阶段，主要矛盾是客户需求与研发技术可行性之间的矛盾，次要矛盾是产品计划、质量和成本之间的矛盾，随着项目立项完成，主次矛盾发生转换，主要矛盾变成了产品计划、质量和成本之间的矛盾，次要矛盾是研发技术实现与客户需求之间的匹配程度。

（3）构成事物的诸多矛盾以及每一矛盾的不同方面各有不同的性质、地位和作用。一个大的、复杂的事物，在其发展过程中，包含着许多的矛盾。

举例：

产品研发过程中，有项目计划和客户要求交付时间之间的矛盾，有硬件设计和结构堆叠之间的矛盾，有 ID 外观设计和硬件射频之间的矛盾，有产品质量要求和产品成本之间的矛盾等，情形是非常复杂的。

这些矛盾，不但各自有其特殊性，不能一律看待，而且每一矛盾的两方面，又各有其特点，也是不能一样看待的。

研究矛盾的特殊性是正确认识和解决矛盾的关键，要坚持具体情况具体分析。

具体情况具体分析即在于不同质的矛盾，只有用不同质的方法才能解决。

1.1.3.7　什么是矛盾普遍性和特殊性之间的辩证关系

普遍性和特殊性是对立统一的关系，既相互区别又相互联系。

相互区别：矛盾的普遍性是无条件的、绝对的，矛盾的特殊性是有条件的、相对的。

相互联系：任何现实存在的事物都是共性和个性的有机统一。

举例：

研发质量管理的对象：手机、计算机、平板（共性都是电子产品），但每个产品的功能、性能都不同（个性）。

我们在进行研发质量管理时，既要认识到它们之间的共性，也要清楚知道它们各自的个性，具体情况具体分析，才能真正做好研发质量管理。

1.1.3.8　什么是主要矛盾和次要矛盾？

对象是多个矛盾，即在一个复杂事物中，通常会存在多个矛盾，矛盾的地位就会有高低，分析这多个矛盾，其中一个处于支配地位，起主导作用的矛盾即为主要矛盾。其他处于从属地位，不起决定作用的矛盾即为次要矛盾。

在这多个矛盾之中首先就要抓住主要矛盾，首先要解决的也是主要矛盾。你抓住了主要矛盾就能盘活全局，纲举而目张，执本而末从。

举例：

杜甫的诗句：

"挽弓当挽强，用箭当用长。

射人先射马，擒贼先擒王。"

打蛇打七寸，牵牛要牵牛鼻子，好钢要用在刀刃上。

1.1.3.9 什么是矛盾的主要方面和次要方面？

对象是一个矛盾，即在一个矛盾内部，也要区分主次方面，其中处于支配地位、起主导作用的即为矛盾的主要方面，处于被支配地位、不起主导作用的即为矛盾的次要方面。

举例：

良药苦口，忠言逆耳，是药三分毒。

我们每个人内心都住着两个小人，一个是好人，一个是坏人，你是什么样的人，取决于你更多喂养哪一个。

1.1.3.10 辨析主次矛盾和矛盾主次方面的方法

看矛盾的个数，毋庸置疑，如果只有一个矛盾，那么其对应的一定是矛盾的主次方面，如果有多个矛盾，其对应的是主次矛盾，这是最直观的辨别方法。

在我们日常工作中，论述如何解决问题时，其对应的是主次矛盾。在论述某一个事物的性质，这时对应的是矛盾的主次方面。

举例：

解决问题时，我们常常会说，要找到真正的问题，即要抓住主要矛盾。

问题管理时，导致问题发生的原因可能有很多种，但我们依然需要确定责任人是谁，就是这个问题的根本原因是谁导致的，即找到矛盾的主要方面。

1.1.3.11 什么是矛盾的同一性？

矛盾的同一性是指矛盾双方相互依存、相互转化的性质和趋势。

相互依存：矛盾着的两个方面各以其对立面的存在为自己存在的前提，二者对立而共存着，失去一方则另一方也会灭亡，没有矛盾事物的发展也就停止了。

相互转化：事物内部矛盾着的两个方面因为一定的条件可以向着其相反的方向、地位转化而去。

举例：

没有需求，产品就不会立项。

祸兮福所倚，福兮祸所伏。福和祸是相互对立的，但是两者又是相互依存的，在一定条件下会相互转化。

1.1.3.12　什么是矛盾的斗争性？

矛盾的斗争性是指矛盾着的对立面相互分离、相互排斥的性质和趋势。

矛盾的斗争性因斗争激烈的程度不同分为对抗性的和非对抗性的。

1.1.3.13　矛盾同一性和斗争性之间的辩证关系

同一性和斗争性的关系是对立统一，既相互联系又相互区别。

相互联系：矛盾的同一性和斗争性相互联结、相辅相成，没有斗争性就没有同一性，斗争性寓于同一性之中，没有同一性也没有斗争性。

相互区别：在事物的矛盾中，矛盾的斗争性是无条件的、绝对的，矛盾的同一性是有条件的、相对的。

1.2　正确的思想指导正确的研发质量管理

在研发质量管理过程中，你是怎么思考的，你就会怎么做，这对于做好研发质量管理是非常重要的。

首先必须掌握正确的思想，没有正确的思想方法指导，我们就无法正确认识事物和问题，更无法正确做好研发质量管理。

"枣园对"的思想：

强调了"正确的思想"对于少犯错误、不犯大错误是至关重要的。遇到任何事物或问题，都要从实际出发，实事求是做好调查研究，坚持唯物辩证法具体情况具体分析，找到规律，遵循与事物的发展规律一致的方法，对症下药才能药到病除，事半功倍。

掌握正确的思想需要理解以下三层：

◇　第一层：客观事实。

首先如果没有从实际出发，实事求是调查研究后的客观事实做支撑，做不好任何事情，也解决不好任何问题，因为根基不对了。

◇　第二层：立场。

其次就是我们的立场问题，因为立场不对，也就根本不能正确认识事物和问题。所谓立场问题，就是你站在什么人的利益上来看问题。即使是同一件事情，因为立场不同，看法可能完全相反，哪一种对呢？哪一种才是正确的认识呢？法律法规是底线，你在公司上班，当然要站在公司利益的立场上，才能够有正确的认识和行动。

◇　第三层：观点。

最后才是观点问题，对待任何事物和问题，要永远保留自己的独立思考，清楚知道没有客观事实做支撑，你的任何观点就是无本之木，无源之水，没有意义。清楚知道不同人因为利益不同，立场就会不同，进而导致观点的不同，甚至对立，这都是很正常的，要尊重和理解。还要反思自身的观点，克服自身观点上的障碍，比如你依照了唯心主义的观点，遇事不仔细调查研究，只凭"想当然"来解决，那么，即使你很专业很有经验，观点错误也就无法正确认识客观的事物，必须坚持辩证唯物论路线才能有正确的认识。

《矛盾论》的思想：

从方法论的角度，为我们解决问题指明了方向——矛盾分析法，教我们从实际出发，实事求是做好调查研究，运用发展的眼光和对立统一的规律看待和处理问题，强化问题意识，坚持问题导向，具体情况具体分析。

《实践论》的思想：

从认识论的角度，教会我们如何建立和发展正确的认识，有了正确的认识，最终还是要回到我们的工作中去的，指导我们更好地做好工作，如此循环往复，不断提升自己。

这样讲，可能还是有点空，太理论化，如何正确理解，再举个比较通俗的例子可以帮助你去理解。

举例：

有一篇课文叫作《小马过河》。

小马要过河的时候，老牛跟它说："这个河水非常浅——刚没过小腿，能蹚过去。"

但是小松鼠跟它说："啊，你不要过河，河水深得很哩！昨天，我的一个伙伴就是掉在这条河里淹死的。"

然后小马就懵了，它不知道能不能过河，怎么去过这个河了。

这是为什么呢？

这就是从经验出发，从感觉出发，从思想出发…去考虑能不能过河，怎样过河。

这些出发点都是脑子里的东西，包括别人传递给小马的和它自己脑子里幻想的，总之都是唯心的东西。

这些都是从感觉出发思考、讨论问题，而不是基于综合考虑各方面现实因素，这样的出发点是不对的。

后来小马是怎样过的河呢？

它听了妈妈的话，亲自下水尝试了几下，这就是实践。小马尝试了几下，发现这个河水"既不像老牛说的那样浅，也不像松鼠说的那样深"，然后它就小心地蹚到了对岸。

这就是从实际出发，先做调查研究，了解实际情况后具体情况具体分析，继而推导产生能够指导行动的认识、方法、原则和概念。

但是还没有完呢，如果"秋水时至，百川灌河"，河水涨了，小马还能根据以前对河水的经验认识过河吗？

显然不能，那样就淹死了嘛。

实践经验和理论认识之间的关系，如图 1 - 3 所示。实践→认识→再实践，后面还要继续：再认识→再实践……总之，理论认识永无止境，实践发展永无止境，实践和认识反复交缠、互相促进，实现波浪式发展、螺旋式上升。

"实事求是"做好调查研究是核心和精髓，我们做任何事，要想做好，面对问题，要想解决好，最重要的处理方法就是要用联系和发展的眼光，找到是由于什么原因和条件导致问题发生，具体情况具体分析，不唯经验和教条，要实事求是。

什么是实事求是？

实事求是这个词看起来并不陌生，但是为什么在实际操作中却极少有人做到，归咎到底是因为我们无法摆脱主观思维的影响，因此我们在生活、工作中也经常遇到现实情况和预定计划的巨大出入，也就是我们常说的"计划赶不上变化"，所以说能真正理解"实事求是"的人很少，能真正做到的就更少了。

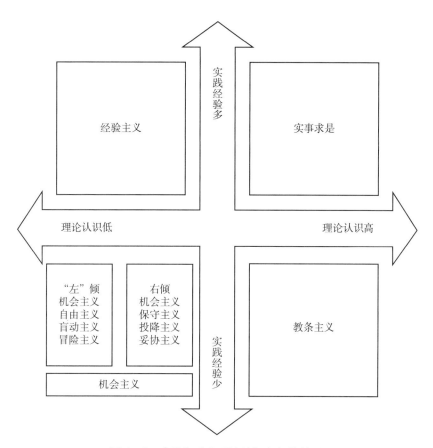

图 1 - 3 实践经验和理论认识之间的关系

我们经常这样说，说话办事要实事求是。然后呢，我们就认为实事求是就是无论思考还是做人做事都要摒弃个人主观立场，一切从实际出发，要诚实守信，不能撒谎。

然而，实事求是是深刻的哲学命题，很多人都"浅解"了它的深刻内涵，实事求是的本意涵盖三个方面：

◇ 客观事实

◇ 实践、探求、研究

◇ 本质规律

毛泽东在《改造我们的学习》中对"实事求是"赋予了新的含义："实事"就是客观存在的一切事物，"求"就是我们去研究，"是"就是客观事物的内部联系，即规律性。也就是说，实事求是就是从客观事物本身出发去探求事物的本质规律。

用一句话解释就是根据坚持从实际出发，通过调查研究探求客观事实的本质规律，并按规律办事。

比如有一本杂志——《求是》，是中国共产党中央委员会主办的机关刊，追求的就是真理、本质和规律。

人最难做到的就是实事求是，因为常常是妄念、杂念、贪念一大堆，实事求是态度、观念、思想，是一切正确认识和决策的基础。

如何做到实事求是？

就是做任何事从实际出发，不从原则、理论和个人私利出发，做实事，求实效，不图虚名，也不唯经验和教条，有因果和条件的可能。

举例：

到北京旅游的人，是不是都会去尝一尝老北京打卤面，而且还特别要找那种贴着纯手工字样的面店。是不是你也和大家一样，认为手擀面就是比机器面好吃，因为在你的认知里面会认为手擀面口感劲道、有嚼劲。

我是不赞同的，这就是教条了，经验了。你可能确实有过手擀面比机器面好吃的经历，但是并没有抓住面好吃的本质，如果我让你给我去擀一个试试，你肯定会说，那哪行，擀面可是个技术活，还有面汤等，很讲究的，我哪懂，我哪会。对了，事实就是这样，面好不好吃，不在于手还是机器，手和机器都只是形式，"这个技术和讲究"的条件才是本质，只要符合这些条件，就是好吃的面。走因果、走条件的可能才是做成事情的正确方法，不要笃信经验。你想，不同的人手擀的面也不一样，怎能说手擀面就好吃呢？成功的、好吃的手擀面也是要满足"面、汤、卤等"条件的，满足条件的才是好吃的标准。

你要记住，公司现在建立的质量管理体系，是基于公司现有业务的，是被所有人和项目经过实践所证实的，确认有效和具备可操作性的认识。

但是你也同样要有这样的认识：公司业务在发展，现有的质量管理体系并不会是完美的，甚至会是错误的，更不会一成不变。经过实践，如果发现规范、流程有不完善的地方，觉得自己的方法更好，务必先仍然按原规范、流程执行，或执行前先给领导汇报，而不是自己觉得没错，私自随意更改作业规范和流程。或许你认为的不完全并不是理论有缺陷，而是你的认识还不足，只有经过实践检验后证明了是不完全性的，我们再去纠正其错误。

为什么我会这样要求你？

举例：

就像打仗，你刚从军事院校毕业，即使你是优秀毕业生，具备扎实的理论知识，但是你仍然是一个没有战争经验的人，我敢把军队直接交到你手中，让你按所学去指挥打仗吗？

当然不能。犯了教条主义错误，因为只有当你亲历了许多战争，在实践中学打仗、学指挥，不论打赢还是打输，才能渐渐理解和掌握书本上学到的战争的规律性，懂得了战略和战术，才有可能在未来有把握地去指导战争。在战场上什么最重要？听从指挥。而不是每个人按各自的想法去打仗，如果真这样，那不是乱套了，能打赢吗？根本不可能。

我们做研发质量管理工作，未来会和各种各样的人、各式各样的问题打交道，遇到挫折、失败是难免的，不要气馁，更不要找借口解释失败，要思考和总结自己为什么会失败。失败了说明自己以前的认识是错误的，要从失败中取得教训，改正自己的思想认识，变失败为胜利。

什么是不唯经验和教条？

就是不要经验主义和教条主义。

无论是直接经验还是间接经验，其本质都离不开直接经验，都是亲自实践的成果，只是"亲自"的对象有不同而已，一种是自己亲自，还有一种是别人亲自实践后通过口述、文字等方式传递出来的。比如公司的质量管理体系文件、各种质量管理工具和方法等。

经验不是一个坏东西，经验管不管用？管用，可以借鉴、模仿、参照，不管用早没人提了，但是经验不能拿来就用，因为成功者的经验是他那个条件、那个情境、那个时间段的可能，对你当前的环境来说这样的经验是片面的，你也不可能完全复制成功者的所有条件。

举例：

北京有段时间开了很多钱大妈加盟店，源自广州。广告语：不卖隔夜肉。钱大妈卖菜最大的特色就是"新鲜"，很受广州消费者喜爱，短时间就从广州延伸到北京。但是，加盟商万万没想到，在广州如此受欢迎的一个品牌店，在北京完全做不起来，每天经营惨淡。没过多久，北京的加盟店陆续关门，直至消亡。

为什么呢？

其实当初加盟店迅速扩展的原因之一就是加盟商认为广州的成功经验是可以复制的，买菜人的思维都是一样的，喜欢新鲜菜，广州人会天天去菜场买菜。但是经验是有漏的，北京满足不了广州成功的条件，北京在北方，天气寒冷，北京人的习惯不是天天去菜场买菜的，出去一次一买就是买一周的菜，放冰箱慢慢吃，肉是不是隔夜的北京人没那么在意，当然不会天天光顾钱大妈门店了，生意自然可想而知，倒闭是必然的。

我相信，很多人一听到哲学思想就头大，甚至觉得这些都是空话、套话和官话，讲这些话的人就很虚伪，对实际工作完全没有任何意义。

说实话，年轻时，我也有过一段同样的经历，但是随着在工作过程中遇到问题、困难和困惑时，我不断去读书、学习、钻研和反思，直到不记得是哪一天我读到了"枣园对"，当时内心真是感到无比震撼，感觉自己以前一直在黑暗中苦苦摸索，求而不得，看了无数篇各种各样教你做人做事、解决问题、认知升级等的文章，很多本各种理论、教程、思维、认知等的书，给我的感觉就是看的时候觉得还不错，但局限性太强，很难帮助到自己去解决实际工作、生活中遇到的各类事情和问题。受到这篇文章的启发，我买来《毛泽东选集》（以下简称《毛选》）读，读着读着，又发现作为毛泽东思想重要载体的《毛选》是毛泽东对于马克思主义理论的发展，是其在中国革命实践中提炼出的理论。接着我才认真去研读了马克思主义哲学原理，真正发现毛泽东思想和马哲的思想方法才是可以真正指导我们工作和生活的底层逻辑，是分析和解决问题的正确的思想，希望大家都能去读一读《毛选》。

正确的思想方法指导正确的研发质量管理。

关于世界观和方法论：

◇ 世界观即你是如何看待这个世界的？就是你判断事物的逻辑，能看透事物的发展方向，如果你没有自己的思想体系，脑子里一塌糊涂，就很容易被别人牵着鼻子走。面对同一个问题，不同的世界观，人们所采取的方法也是不同的，比如你遇到困难，是选择：①直接放弃；②静观其变，仔细分析利弊得失后择机处理；③不管不顾向前冲。这就代表了三种世界观，也是思想方法和做事方法，没有对错，成王败寇。

◇ 方法论就是自觉按照一般的规律来指导自己的思想和行动。方法论是认识世界和改造世界的最一般方法，是关于方法的理论。从根本上说，方法就是对客观规律的自觉运用。

◇ 做事方法遵循：实践→认识→再实践→再认识→再实践，持续不断循环往复，螺旋式上升。

◇　两个认识的过程：一个是由特殊到一般；另一个是由一般到特殊。这个方法一定要铭记在心中，非常重要，很有用。比如我们要做产品研发质量管理，这是质量管理中一项特殊的工作，我们不能只懂研发质量管理，更重要的是通过学习研发质量管理，能够学会更具一般性质的质量管理，了解质量管理的本质和规律性，未来让你去做质量管理体系管理、供应商质量管理、生产质量管理等，你也不会再说没有把握了，因为这就是另一个由一般到特殊的认识过程而已。

◇　我们每个人的世界观就像世界地图的拼图一样，每一块拼图都代表我对这个世界认识的一个观点，所有观点共同拼起来，就是世界地图，就是我认识这个世界的世界观，即我的世界观。其实你会发现，世界地图拼图中的每一块都不是孤立存在的，你不可能把日本拼图用澳大利亚拼图替换，因为如果替换就无法和周边的拼图完整拼接起来。同理我们任何一个人的观点也不是独立存在的，更不是随机和杂乱无章的，而是一个相互联结的观点体系。每一个观点拼合在一起组成一个各部分环环相扣、具有一致性的观点体系，这就是我们每一个人的世界观。简言之，当我们谈到世界观的时候，请想到拼图这个比喻。

◇　这个世界有很多面，不要只盯着自己的这一面，我们每个人都有自己的世界观、人生观（你想成为什么样的人）和价值观（对你来说什么更重要），存在不同，甚至相反的观点都是非常正常的一件事情，不存在对错问题，我们应该透过世界的任意一面，见天地见自己见众生，要坦然接受这个世界上千奇百怪的人和事。所以我们去做事时，和人去沟通交流时，去处理问题时，一定不要犯主观主义认识的三种错误（教条主义、经验主义、机会主义），要从实际出发，做好调查研究，要实事求是。

◇　我们学习专业知识不是为了学习而学习，而是为了更好地做好我们的专业工作，实践是认识的目的和归宿，所有理论和认识成果，都是为实践服务的，离开了实践这一最终目的，也是无意义的。因此，要理论联系实际，学以致用，以我们正在做的实际工作为中心，着眼于现实问题。

◇　新人进入职场之后，都急迫地想学习专业知识和技能，想带项目，其实，这是一种误区。我们想对年轻人说，你们首先要培养的应是哲学的思维和视角，说得通俗点，就是要学会一种正确看待世界、洞察世界和处理问题的能力和方法。

◇　方法论是结构化、一般化的思维模型，要遵循客观规律，可以指导我们如何正确工作。未来你会接触到的各种质量管理工具，不用害怕自己学不会、用不好，所有管理工具从本质上来讲都是结构化的思维模型，都是用来帮助我们厘清思路和逻辑的，避免过程错误和疏漏，保障过程输出的效率和效果。比如客户要求你针对某个产品质量问题提交报告，这时候你可以使用"8D报告"这个质量管理工具，按模板填写，客户基本找不出毛病，这就避免了不同人写报告水平参差不齐的现象。

◇　我们做任何事，要理论联系实际，因为理论不联系实际，就是空洞的理论，就是空想的理论，就是脱离实际的理论，就是没有客观标准的理论，就是唯心主义的理论。

◇　我们做任何事不要盲目，做之前要知道每个人的认识都是有局限性的，如果实践验证没有得到自己想要的结果，不是做的有问题，而是认识有问题（因为认识指导实践）。要改变和完善自己的认识，一定要使自己的思想符合客观规律，知道正确认识才能得到正确结果，错误认识只能得到错误结果。

◇　要重视对概念的正确理解，因为概念不是事物的现象、片面和外部联系，而是抓住了事物的本质、全体和内部联系。对概念的正确理解是我们深刻理解事物的前提，在此基础上开展工作、与专业人员沟通才能真正有效和高效，遇到事情或问题进行判断和推理才能得出合乎逻辑的结论。

◇　任何一件事情的发生，都有其原因和条件。我们要想做成一件事情，就要找到成事所需的所有条件，然后一个个去满足，条件都满足了事情自然就成了，这就是水到渠成的规律。同样我们分析和解决一个问题，就要确定真正的问题是什么，找到问题产生的根本原因，消除了问题产生的原因，问题自然就得到解决了，这就是抽薪止沸的规律。

◇　我们看到、听到的现象通常不是本质，认识事物、解决问题都离不开实践，感觉只解决现象问题，理论才解决本质问题。

◇　我们在认识事物和处理问题的时候，客观事实、立场和观点，这三个东西是不可分开的。我们要从实际出发，做好调查研究，准确把握客观事实，站在公司和客户获益的立场，实事求是提出自己的观点。

◇　不要盲信理论，认识到事物是不断向前发展和变化的，理论的真理性也是不完全的，许多理论可能是错误的，不要盲信公司发布的文件就是真理、不会错。我们要站在前人的肩膀上继续前进，知道认识的发展有着内在的连续性，就像接力赛跑一样，每一代人都是在前一代人已经达到的认识基础上前进，把前一代人认识的终点作为自己认识的起点，而后把自己在实践中获得的新知识更新升级到现有的质量管理体系中去。

◇　纸上得来终觉浅，绝知此事要躬行。直接经验是认识的"源"，而间接经验只是"流"，间接经验是以直接经验为基础的。我们学习和借鉴前人和他人的经验，要注意觉察自己的实际情况和条件，不能照搬照抄。

◇　认识总是有对有错的，前者对实践起促进作用，而后者则起到阻碍作用，一种认识是否正确，如何来判断？实践是检验真理的唯一标准，实践是联系客观实际和主观认识的桥梁，实践为检验我们的认识是否正确提供了客观上、物质上的证明。实践对认识的检验，就是把指导实践的理论同现实直接对照，检验出认识是否符合实际，符合的程度如何，是否是真理性的认识。

◇　不害怕失败，经历失败之后，要从失败中吸取教训，改正自己的思想，完善自己的认识，变失败为胜利。

关于研发质量管理：

◇　要想成为研发质量管理的专业人员，对研发质量管理专业的认识不能只限于研发和质量管理之间外表的反映，还要进一步认识它们之间内部的关系、作用和规律，了解它们之间的本质，这就还要有理性的认识，不是盲人摸象一样单从外表可以反映出来的，需要遵循认识发展的过程，通过不断参与不同项目实际开发实践经验积累，并加以归纳、总结、调整和改进去认识。有了正确的思想，我们就可以提前把握产品研发的发展，就可以指导我们的行动，预防问题的发生，使我们在产品研发实践当中走得更正确，不至于碰太大的钉子，才能真正成为研发质量管理专家。

◇　质量人都知道质量管理概念、质量管理理念、ISO 9001 质量管理体系、质量管理工具与方法等具备普遍性，但是很多人却不知道在不同公司中，真正落地时不能照搬，特别当你在一家公司做过很多年质量管理工作后，又跳槽去了一家同行公司从事同样岗位工作时，别以为研发的产品类似，公司运营模式也类似，就能抄上家质量管理体系和方法的作业，有这样的想法是很危险的，一定要认识到同行业不同公司各有其自身的特殊性，毛泽东特别强调，"离开调查研究和具体的分析，就不能认识任何矛盾的特性。"[1] 质量管理工作必须因人而异、因地制宜地进行调整，才能真正发挥其作用。

◇　我们从事研发质量管理，会发现有的人带项目总能做很好，有的人却总

---

[1] 《毛泽东选集》（第一卷），人民出版社 1991 年版。

是一团糟，为什么？其实能不能做好，与我们每个人对行业、市场、公司、客户、供方、产品、项目管理、研发过程、测试、生产制造、质量管理等的理论思想的认识正确与否，以及认识水平的高低是直接相关的，只懂质量管理理论（教条主义错误），或自恃已经有很多年质量工作经验了（经验主义错误），抱有这些主观主义认识的人都是做不好研发质量管理工作的。

◇　认识到不同公司产品研发过程具备普遍性，同时也要认识到不同公司产品研发过程又具备特殊性。市场上有很多很有名、很成功的关于产品研发管理和研发质量管理的标准模式，比如 IPD 和 APQP。研发质量管理不要教条，不要生搬硬套抄作业，但可以模仿和借鉴，再结合公司自身产品研发过程的特殊性去调整，制定出适合自己公司的产品研发过程，再对应进行研发质量管理。而不是反过来，批评自己公司的产品研发过程和书本上的标准过程不一致，要求项目团队套标准模式进行产品研发和研发质量管理，这样是做不好产品和质量管理的。

◇　我们从事研发质量管理工作，打交道最多的就是问题，很多人最怕的就是问题，一遇到就慌神，最想做的就是赶紧躲开，撇清关系，这样怎么可能做好研发质量管理工作。通过学习我们认识到矛盾（即问题）是普遍存在的，永远不会消亡。这样我们在工作过程中就无须再害怕问题了，调整好心态坦然去面对，敢于直面问题，遇到问题解决问题。如果直面问题都不敢，何谈深入研究问题、解决问题。把工作做在前面，预防问题发生，过程中做好管控，减少问题发生，问题解决后进行总结和改进，避免问题再次发生。

◇　研发质量管理过程时常需要面对、分析和解决问题，处理问题时，不要主观地、片面地和表面地看问题，不问具体的情况，不看事情的全体，在没有触到问题的本质之前，就自以为是地发表言论。如何才能处理好问题？没有什么技巧，最基础的是参与到实际项目中去，开展大量的调查研究和实践。

◇　我们在讨论、处理问题时，如果你要提出自己的主张和观点，而且这个观点会涉及他人的想法和观点时，必须首先要联系一下自己，要求别人做到的，先问问自己能否做到，若放在自己身上，能否行得通，是否能接受。同时还要换位思考，把别人的处境当成自己的处境，如果我是别人，能否做得到，可否行得通，是否能接受，站在别人的立场上思考问题，有助于全面理解问题，这是妥善解决问题的前提。如果我自己都做不到，行不通，不接受，那就也要理解别人的做不到，就要反思自己提出这样的主张和观点是否合适。

◇　我们工作过程中遭遇到的问题在以前项目中可能曾经发生过，以前处理和解决问题的方式、方法可以为我们借鉴。但是，借鉴不等于可以照搬，盲目"经验主义"，无视当前的特殊性，不仅不能推进问题的解决，而且还容易产生新的问题，务必具体情况具体分析，不同质的矛盾，要用不同质的方法去解决。

◇ 我们处理任何问题，首先要集中精力找到主要矛盾，捉住了主要矛盾，一切问题就迎刃而解了，不能以个人私心和主观的臆测去处理问题，更不要轻率地凭着自己的"想当然"去解决问题，要善于积累经验和多向同行前辈和项目团队其他成员学习。在复杂的矛盾关系中，要善于抓住主要矛盾，抓住的矛盾主要方面。不可以用一种自以为不可改变的公式到处生搬硬套。比如研发质量管理过程中，同样是阶段准入申请，有的时候可以带问题准入，有的时候就不行，并不是一成不变的，需要回到当时实际的情境中去，具体情况具体分析，抓住现阶段主要矛盾是什么，采取不同应对措施。

◇ 我们做研发质量管理工作，需要经常与人沟通和交流，而且内容不是要求、就是问题讨论，如果处理不当，很容易与人产生矛盾，这时候有的质量人或领导们一听到有矛盾，就觉得矛盾不是什么好东西，认为有矛盾不和谐，有矛盾就是有问题，他们害怕矛盾，经常会刻意去回避矛盾。毛泽东告诉我们，矛盾没什么可怕，矛盾无处不在，无时不在，矛盾就是世界，如果刻意去回避矛盾，表面看上去一片和谐，事情却都没有做好，这不反倒是违背了实事求是的原则。

◇ 产品研发过程中，包含着许多的矛盾，其中和质量、成本、交期三者相关的矛盾是最重要的，具体哪个矛盾是当前主要矛盾要依据当时的情境去判断，其中必定有一种是主要的，起着领导的、决定的作用，其他则处于次要和服从的地位，遇到问题需要下判断时就要全力找出它的主要矛盾，捉住了这个主要矛盾，一切问题就迎刃而解了。比如在产品规划阶段系统设计时最主要矛盾就是成本，此时如果成本无法达到预期目标，是不能立项的；在测试验证阶段出现变更需求评估时，最主要矛盾就是交期，如果变更需求会严重影响交期，非必要的变更申请通常不会获得审批通过；在试产阶段，最主要矛盾就是产品质量，如果发现原材料批量稳定性差，或小批量生产直通率低问题，就必须先解决问题，否则不能同意准入量产。

◇ 产品研发过程中，包含着许多的矛盾，而且这些矛盾都会各有其特殊性，不能一律看待，了解所有矛盾的各个方面以及它们之间相互依存和相互矛盾的关系，要具体情况具体分析。比如客户要求项目完成时间和项目实际开发时间之间的矛盾，老板要求产品成本和产品采购成本核算之间的矛盾，项目开发计划和项目质量要求之间的矛盾，项目开发计划和客户需求变更之间的矛盾等。

◇ 不同阶段，矛盾是要区分主次的，首先就要找到当前自己最重要的主要矛盾是什么，明确了主要矛盾，就明确了中心任务，明确了我们下一步的工作重心。解决主要矛盾就是当前最重要最紧急的事情，其他都是次要矛盾。比如作为新人的你当前的主要矛盾就是要多学、多看、多实践，提升自己的专业能力，提升自己的价值，其他比如谈恋爱、享受生活等都是次要矛盾。但是也要知道抓住主要矛盾，并不是意味着放弃其他次要矛盾。在一定条件下，主要矛盾和次要矛盾是可以相互转化的。

◇ 公司所处阶段不同，客户不同，相应矛盾主次也就不同，对质量的认识和要求也会不同，质量管理的方法和手段也要对症下药，而不能总是拿鸡毛当令箭，刻板管理。比如初创公司，最主要是要能够存活下来，是客户挑你，而不是你挑客户，这时候满足客户需求就是第一位的，是现阶段的主要矛盾，有时候产品有瑕疵，如果客户了解清楚问题后仍然同意接受，要求发货，我们质量管理就不能再坚持不放行。后来公司做大以后，同样产品会同时给到很多客户，这时候如果有某个客户要求带问题出货，我们质量管理就不能和在初创公司时一样了，需要综合考虑产品本身质量、公司品牌形象、其他客户要求等，最后给出最优判断。

◇ 矛盾有主次之分，我们在想问题办事情的方法论上也应当相应地有重点与非重点之分，要善于抓重点、集中力量解决主要矛盾。比如每天工作太忙怎么办？矛盾论就告诉了我们如何高效工作，每天上班工作任务多，时间紧是一对矛盾，而人的时间和精力是有限的，不要每天辛苦忙碌，却收效很少，为了完成工作，还经常加班加点，反而陷入穷忙的困境，解决方案就是"抓住并集中力量解决主要矛盾"，在所有任务中每天找出最重要的3件事，并按重要紧急程度排序，集中力量优先完成，真正做到高效工作，忙而不乱。

◇ 每个人对公司、工作和领导都是有憧憬的，一旦理想与现实出现差异，有的人就会选择跳槽，以为跳槽就能解决矛盾了，这是错误的，原因有二：首先没有搞清楚当前状态的主要矛盾是什么，是什么原因导致的。其次没有认识到矛盾的普遍性，跳槽解决不了问题。

第2章

研发质量管理理论认识

你是不是经常会听说某某产品质量好，某某产品质量差？

请你思考一下，到底什么是好质量，什么是差质量？

你是不是觉得大品牌公司的产品质量一定好，马路边小摊上卖的产品质量就会差一点；贵的东西你会认为质量好，便宜没好货……

如果你真是这么想的，看来你确实还没理解什么是质量，质量这个概念不是像你所说如此简单定义的，如何正确理解质量已经困扰不少人很久了，甚至包括做过很多年质量管理工作的人，也都很难讲清楚什么是质量。

质量其实是一个范畴，包括以下几个概念，它们各自都有自己的评判标准：

◇ 体系质量：适宜性、充分性和有效性。

◇ 工作质量：规范、效率和效果。

◇ 过程质量：经济、安全、可靠和效率。

◇ 产品质量：标准和客户满意。

未来再说到质量时，你脑海中就得有这个意识，判断在讲什么方面的质量，该如何评价它，避免思想混乱，如果没有特别说明，通常我们说的质量指的是"产品质量"的概念。

2.1 什么是质量

质量的概念（GB/T 19000－2016/idt ISO 9000：2015）

3.6.2 质量：客体的一组固有特性满足要求的程度。

注1：术语"质量"可使用形容词来修饰，如：差、好或优秀。

注2："固有的"（其对应是"赋予"）是指存在于客体（3.6.1）中。

［客体（3.6.1）：可感知或可想象到的任何事物。］

什么是质量的固有特性？

固有特性就是事物的"性质"，性质是事物的一种内部规定性。一个事物的性质，是使它和其他事物有区别的关键。我们通常所说某物和某物不同，就是指它们的性质不同。

认识了质量的概念，我们就知道了我们做质量管理，面对不同产品时，首先要做的事情就是正确认识和把握产品的固有特性，然后通过管理确保这些性质符合规范和标准，注意具体情况具体分析，不同质量范畴要用不同的质量管理方法。

质量固有特性通常包括，如图2-1所示。

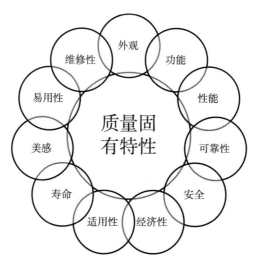

图2-1　质量固有特性

先要理解质量的固有特性这个概念，这个世界上任何事物都有自己的特性或特点，如宝马车操控好，奥迪车新科技多，奔驰车很奢华等。这些特征就是事物的特性，固有特性是指用来区分事物类别的，是事物之所以为该事物的依据，比如区分新能源和燃油车的方式就是供能方式是充电还是加油，区分有线和无线充电设备的方式就是充电器和被充电设备之间是通过有线方式还是无线方式连接的，固有特性是用来区分产品质量好坏的方式。

举例：

同一个类别的产品，A 公司无故障稳定运行的时间是 20000 小时，B 公司的是 8000 小时，从产品稳定性这个维度我们就能以此区分 A 公司和 B 公司哪家产品质量好。

质量有优劣，也可以说有高有低。我们通常将品质优的产品视为"质量好"，将品质低劣的产品视为"质量差"。

你要有这样一个概念：质量是由客户决定的，没有"好"的质量，只有符合要求的质量。

因为产品到客户手中，无论我们自己标榜的是多么豪华的配置、性能是多么卓越、外观是多么的精美，但是，并不是客户所需要的，结果必然是被淘汰。

所以，未来我们去判断"质量好坏"的立场与观念：用"最适质量"取代"最佳质量"。而"最适质量"就是让客户感到"最满意的质量"。

质量真的很难用一句话来定义，即使是质量大师这样的，他们对于质量的理解也是各不相同的，那么到底什么是质量精确的定义呢？

你是不是已经有点糊涂了，觉得每个人对质量的定义说得都很有道理，不知道哪个才是最正确的。

事实上，每个人的定义都是正确的，质量是一个多维度的概念，具体可描述为：

（1）卓越的，难以形容的：质量是一种直觉的感知，是一种美好的体验，只可意会不可言传。

（2）基于产品的：质量存在于产品中，产品的特性就是产品的质量。

（3）基于顾客的：适用的，符合顾客要求的/期望的，能让顾客满意的产品，就是好的质量。

（4）基于设计的：设计满足客户需求明确，达成质量/计划/成本目标，风险可管可控的产品，就是好的质量。

（5）基于制造的：制造符合设计规范的产品，就是好的质量。

（6）基于价值的：用户认为性价比好的产品，具有好的质量。

基于质量多维度的观点，产品形态从市场调研→需求收集→产品规划→产品设计→产品制造→用户使用整个变化过程，质量的定义也必须从基于用户的期望转化为基于产品的特性，再转化为基于设计/制造的方式，每个过程中的质量特性是不一样的，必然质量定义也是不一样的。

可以这样理解，质量的定义是一个相对概念，需要根据情境的不同而不同。

普遍来说，质量可以理解为一种产品/服务持续满足顾客期望的能力，但实际上顾客的期望是非常复杂的，也是会变的，不可能用一种特定的方式全部满足。就像前面讲过的矛盾论，不同阶段事物的特性都是由主要矛盾和矛盾的主要方面决定的，质量本身就是事物的一种固有特性，所以质量的定义也不是一成不变的。

我们做质量管理就需要熟练掌握质量这个多维度的概念，知道不同情境下灵活应用质量的理解，面对不同沟通对象时能够具备共同的认识，才能引发共鸣，减少不必要的误解和争议，这样才能真正体现我们的专业性，得到别人的认同，有利于我们质量管理工作的持续有效开展。

我们做质量管理，在工作中，在交流中，在决策时，就需要综合评估各个维度的质量，知道产品的质量特性，熟悉产品质量目标和质量标准，了解相关方的核心诉求，才能给出适合当时情境的最佳决策方案，才能做到真正管理好质量。而不是一遇到问题，不分青红皂白，拿着质量标准就是"红线"，质量管理就是铁板一块，自认为我们质量人就是执法者，有权对一切不符合质量的行为和产品说"不"，然而事实上，质量不是只有"0"和"1"两种选项，因地制宜、因时而异才能真正做好质量管理。

前面我们说了不同人眼中对质量的理解，要用多维度方法，质量还有另外一种理解方式：质量像"相对论"，常常被表达为一个"相对"的概念，即使同一个人眼中，对"质量"的定义也会随时间和空间的不同而不同。质量大师戴明指出，质量有许多不同的标准，这些标准是不断变化的。所以，我们做质量管理工作，最重要的是要衡量不同客户的偏好，并经常重新衡量他们。

为什么同一个人眼中的质量定义也会不同？

举例：

你一定喝过牛奶吧，你去留意，同一个牛奶品牌的鲜牛奶，会有很大价格区间。我们不能说价格便宜的质量差，价格高的质量好，产品的质量对于品牌质量管理人员来说都是符合出厂标准的，那为什么会有如此大的价差呢？你仔细去比较不同产品的营养成分表和制造工艺，你就能发现它们之间会有明显不同。

所以，我们做质量管理也是这样子的，我们会面对各种各样的客户，各色各样的用户，他们眼中对质量的理解是各不相同的（多维度）。所以我们做产品/服务去满足顾客时也要区别对待，不能用一个质量概念去指导我们做事，确保基本质量得到保障的前提下，满足不同顾客质量个性化要求才是最优解决方案。

举例：

喜欢奢侈品的用户眼中，价格昂贵的爱马仕的包包就是一个高质量的包，但是对于经常出差的商务用户，价格合理耐用的瑞士军刀品牌的包包同样是一个优质的包。

你把瑞士军刀包包去推荐给爱马仕用户，然后一个劲告诉她多么耐用，防水防刮，质量杠杠的，价格还很亲民，我相信没啥用。反过来，如果你把爱马仕包包的质量做到瑞士军刀包包的质量标准，也是完全没有必要的。

通常情况下，公司会认为符合规范和标准要求的产品就是质量合格的，而客户会认为只有符合自己预期、能够让自己满意的产品才是有质量的产品。我们做质量管理在符合基本标准前提下，不能用一套标准去覆盖所有客户，也要区别对待。

在公司中，我们一般会使用非常清晰的规范、标准和其他可量化的数字去定义质量。这说明质量是可以定义和测量的。然而在客户眼里，当他们被问及什么是质量时，通常很难准确下定义，但当他们看到实物时，所有人都会知道质量是什么。这就说明了一个关键点，即质量存在于客户的眼中，是由消费者最终定义质量的。

质量的评价具有以下几点特性。

（1）符合客观规范、标准。

站生产者角度，"质量"是对产品/服务的外观、功能、性能、可靠性等进行判断，"质量"被定义为透过测量系统对产品与质量规范标准做比较的结果，符合规范标准的产品就意味着有好的质量。

评价指标客观，精准、可量化。

举例：

手机电池容量 >4000mAh，手机电池续航时间 >25 小时，视频播放时间 >20 小时，通过测试即可判断电池续航时间是否符合质量标准。

（2）符合主观感知。

站在用户角度，"质量"是指产品/服务可以直接被用户感知到的外观、功能、性能、可靠性等正常，可以满足其对产品的期待，甚至超出其对产品的预期，或满意度高出其他同类型的相同产品，就意味着有好的质量。

评价指标相对主观。

举例：

就拿服务质量来说，如果你去商场逛街买鞋，服务员不仅帮你拿鞋，还帮你脱鞋、穿鞋，换了一双又一双，这个服务好吗？站在公司和服务员角度看，好！因为这就是公司考核服务员服务质量的标准。但是你喜欢吗？大多数人会觉得太过了吧，那还好吗？就不好了。所谓过犹不及，就是这个道理，所以我才说它主观。

（3）多维度性。

不同人眼中质量不同，不同视角判断质量不同。

举例：

当你在餐馆吃饭的时候，你如何评价这家餐馆的质量？大多数人会采用以下标准：

- ◇ 就餐环境和氛围
- ◇ 服务
- ◇ 菜品可选择性
- ◇ 响应时间
- ◇ 食物口味
- ◇ 价格
- ◇ 卫生条件

（4）动态性。

凡事都是动态的、变化的、发展的，这个不否认吧，质量也一样。今天被认为是高质量的东西，明天可能还不足以被认为是高质量的。

举例：

手机功能机时代，跌落测试标准要求：自由跌落至少1.5米高度，6个面各测试2次，测试完成后不能出现功能异常才能判断质量合格。现在再说呢？我相信没有一款手机能通过测试，为什么呢？现在已经是智能机时代了，屏占比超过90%，这时再沿用功能机时代的测试标准，已经不适合了。时代在发展，社会在进步，质量标准也同样需要与时俱进。

（5）相对性。

凡事都有两方面，质量也一样，追求卓越当然是更高层次的目标，但是追求极致的性价比是否必要或者重要是需要考量的。

举例：

产品研发项目经理申请量产准入，你在质量审核时发现产品软件测试报告遗留了 1 个 B 类 bug，不符合量产准入条件，项目经理有补充说明，由于客户出货计划紧急，此 bug 经过评估，研发需要耗时 2 周解决，但确保可以赶在工厂备料完成、生产开始前发布更新软件版本用于量产。那么作为研发质量管理负责人，你会怎么决策呢？是驳回申请，要求解决 bug 符合准入条件后再提交，还是先带问题特批准入，让工厂可以启动备料和安排生产计划，同时继续跟进确保量产前软件版本符合发布标准？当然是需要综合考量项目实际情况和客户需求的，绝不是只考虑是否符合量产准入条件就下判断这么的简单。

因此，我们可以找到听到不同的人对质量的各种定义，也明白了不同组织会以不同的方式定义质量。这些对于质量的认识都是合理的，我们做质量管理不能有刻板印象。

2.2 质量有什么价值

这里谈的"质量的价值"是指质量工作或质量人的价值。在公司中，质量就是企业的生命，绝对不是可有可无，可以沟通，可以协商的事情。尽管如此，很多人对质量的价值以及必要性可能还并不真正地理解，特别是在国内中小型公司当中，在很多人眼里，质量是一件费时、费钱的东西，他们认为要质量好，就需要花很多时间，花很多钱，我们现在没时间，也不想花很多钱，所以质量就变成了"说起来重要，做起来次要，急起来不要"的东西。被质量人卡住了，还理直气壮，说我们太呆板了，不懂得审时度势，拘泥于规则者被视为不识时务，无视规则者则是奉天承时。

在中小公司中，质量真的没有价值，可以不严谨，可以随意改变吗？显然，有这样观念的人并不真正了解质量的价值，下面总结了质量在公司中的若干价值，希望能让大家更进一步地了解质量。

（1）不仅免费，更增值。

为什么质量是免费的，难道以前我们的观点错了吗？真的错了，质量是免费的，但它不是赠品，可是它的确是不花钱的，要花钱的是"非质量"的东西，也就是那些一开始没把工作做对，而必须采取的所有补救措施，想想我们在做错事情和重做事情上花了多少时间，花了多少钱，其实这些都是"非质量"的，如果我们按计划，提前准备好，第一次就做对，就可以实现零缺陷目标，这才是质量，这样的质量是不需要花钱的，这就是免费。

我们常规理解销售、设计、项目……直接面对客户需要的部门才是增值的，质量一直是一个辅助管理部门，为什么质量也是可以"增值"的呢？其实质量是通过预防系统取代"救火"式的管理习惯，提高了工作质量、过程质量、产品质量、工作效率和产品良率，降低了运营成本、产品不良率和客退率，减少了返工和报废，避免了客户投诉，提升了客户满意度……使公司成为客户、员工和供应商心目中"有价值的和可信赖的"品牌公司，而"品牌"就是质量和竞争力，就能为公司带来更多的收益，这就是增值。

（2）保障制度体系。

ISO 9001 质量管理体系，强调法治而非人治，实施 ISO 9001 质量管理体系是希望能通过它将一些优秀的开发经验用一套合理、规范的制度沉淀固化下来，使项目的成功不再成为一种偶然。公司各个部门相当于都是立法机构，负责建立、维护、改进各自部门内部与相关方的相互作用的过程体系，并要求部门成员或外包方按此体系要求执行项目开发、验证等工作，而质量则是督促这些规范贯彻实施的组织和监督机构。

作为一个国家，监督机构的必要性和重要性不必多说。同样，作为一个公司，监督机构也是非常必要的。试想一下，如果公司花了大量的人力物力建立了一套规范的开发制度，每个项目启动时也制订了各种周密的计划，却缺少相应的机构来进行督促，那么项目在实施过程中是很容易由于这样或那样的原因而偏离既定轨道的，导致项目难以得到有效的控制。而公司的制度、项目的计划也就变得形同虚设。公司的制度实际上就相当于公司的法律，如果有法不依，执法不严，违法不究，久而久之这套制度就只是一纸空文了，浪费了大量的人力物力来建立却毫无用处。所以就非常需要存在质量这么一个机构来维护公司开发制度的权威性，并确保项目开发过程得到有效管控。

（3）促使过程改进。

建立了一套规范过程后，并不表示这个过程就一成不变了，规范自身也必须不断地得到改进才能保证它的正确性和有效性。虽然过程规范在发布之前都必须经过评审，但并不表示只要通过评审就能发现所有的问题，还必须经过实践的检验才行。正所谓没有最好只有更好，所以过程的改进也是永无止境的。它的改变往往是来自两个方面：一方面可能是这个过程本身存在的缺陷和错误暴露出来了，促使各部门必须去进行完善性的改进；另一方面可能是当时过程制定所依赖的情况发生了变化，现有的过程已不适应当前项目实施的需要，甚至还阻碍了项目的发展，这也会促使各部门去进行适应性的改进。

但是改进从哪来呢？表面上好像项目团队都可以提出，各部门成员自己也可以去发现。但是实际情况往往是：一方面项目团队尤其是质量成熟度等级较低公司的项目团队缺乏质量意识，只关注与自身相关的开发工作，对过程改进工作缺乏应有的认识，提不出问题或者有问题也不愿提出来。另一方面，各部门成员却又往往苦于不了解项目情况而找不到关键问题所在。而质量人的存在恰好就可以解决这一矛盾，因为质量人经常要参与过程改进工作，又常常参与项目的活动，既熟悉过程体系又熟悉项目情况，刚好起到充当过程拟定者和项目团队之间桥梁的作用。质量人在项目实施过程中经常会发现很多问题，有些问题是因为项目团队本身执行得不够规范而产生的，而另一些问题则是由于过程本身存在着一些缺陷引起的，如可操作性不强或前后矛盾等导致项目团队无法实施。所以质量人在工作当中，会将这些问题记录下来并反映给过程拟定者，以促使过程改进。另外项目实施过程中值得借鉴的一些经验做法质量人也反映给过程拟定者，以便在公司范围内进行推广。如果过程完善了，反过来也会更好促进项目工作的开展，这就是一个良性循环。

（4）推进标准化。

完成质量管理体系文件编写后，如果所有文件都是五花八门，格式千奇百怪，在项目开发过程就会产生理解和沟通问题，导致质量管理体系无法有效运行，给执行方和接收方就是一个员工随意，管理缺失，不正规的公司印象。由于质量管理体系涉及公司所有部门，各个方面，各个环节，如果没有主导人，根本无法改变这种局面。质量的存在就非常必要，质量就可以承担起主导人角色，推进公司标准化工作，促使各部门针对程序、规范、流程、标准、作业指导、报告、记录……文件使用统一模板，在项目开发中，质量监督各部门工作运行和工作输出，从而体现了公司的规范性和一致性，给客户、员工和供应商的感觉就是这样的公司是"有规则和可信赖"的。

（5）指导项目实施。

质量人对项目有督促的作用，但是仅仅督促是不够的，还需要给予项目团队在过程实施上的指导。虽然在项目过程实施之前会要接受相应的确认和培训，但是工作的顺利开展并不是光靠几次会议、几堂理论课就能解决问题的，很多具体的做法需要在实践中才能真正理解应用，而且每个项目团队接受培训的程度不同，对过程的理解可能存在一些偏差。因此还需要质量人在项目实施过程中给以解答和指导，将这些规范真正地贯彻下去。

质量人对于项目团队来说就像一把双刃剑，既有监督的一面也有指导的一面。既能帮助项目顺利地开展工作，也能使不规范、不合格的项目暂停甚至关闭。其中项目经理的指导思想非常重要，如果项目经理是抱着积极合作的态度，决心要真正按公司规范化过程来实施项目的话，那么质量人将成为最有力的帮手和支持者。如果项目经理抱着消极对抗的态度，置公司管理制度不顾，欺上瞒下自行一套的话，则质量人就是他们最大的障碍和绊脚石。

（6）增加透明度。

项目开发活动存在于人的大脑中，不像工厂生产中在流水线上的工作情况令人一目了然。正是因为这一特点使得项目难以控制。而质量人的存在则可以提高这种透明度、增加项目的可视性。让公司领导和相关工作人员能从项目团队以外的第三方得到一个独立的视角和渠道，能从多方面客观地了解项目的过程、产品、服务等情况，以便做出正确的判断，及时发现问题及时进行纠正，使项目尽可能朝着良性的方向发展。

（7）评审项目活动。

评审管理是研发质量的核心工作之一，也是实施质量保证的一个重要手段，评审管理的目的是检查项目的活动是否符合公司制定的规范和项目既定的计划，及早发现可能存在的问题，并通报给相关人员以便及时纠正。

虽然质量保证的最终目的是希望能保证质量，但质量是过程、人、技术三者的函数，除了过程外，还与人员、技术有关，而人员素质和技术水平的提高并不是依赖质量就能保证的，所以质量虽名为质量保证，实际上它直接保证的是决定质量好坏的一个重要因素。过程不仅仅指活动，还包括了产品，产品是一系列活动后的产物，所以保证过程要先从活动开始入手，因为控制得越早，发现问题越早，所付出的代价就越小，当产品出来之后再去控制就已经晚了。虽然单有好的过程不一定就会产生好的质量，它还必须依赖人员和技术这两大因素，但是一个不好的过程肯定难产生好的质量，因为过程、人员、技术这个质量铁三角缺一不可。所以质量需要评审项目活动，从保证活动入手来保证过程进而保证最终的质量。质量评审项目活动时应该做到独立、客观、公正，评审的时机和频率可按预定的检查点进行抽查。需要指出的一点是质量评审项目活动和同行评审不同，同行评审是指同行评审人员从技术角度对产品进行评审，而质量评审项目活动则是从规范角度对活动进行评审，这两者有本质的区别。

（8）协助问题解决。

质量人无论是评审项目活动还是审核工作产品，都是为了发现问题并及早解决。质量人发现问题后会将问题记录在报告中并提交给项目团队确认。然后还会协助项目团队一起找出问题的原因。如果在项目一级问题能得到妥善解决则应尽量在项目内解决，如果项目团队一级不能解决，则质量会上报给公司高层以寻求更高一级的支持。质量问题的上报并不能看成是在向公司高层打小报告。其出发点也是为了更好地协助项目团队解决问题，有问题要及时发现，发现了问题就要及时解决，越早越好，否则小问题发展成大问题，很可能就会给项目和公司带来无可挽回的损失。质量人应客观地报告问题，报告用语应做到客观、公正、规范、严谨、准确、清楚，并且跟踪这些问题直到它们被妥当地解决为止。

（9）提供决策参考。

在那些没有专职度量分析人员的公司中，质量人还承担了数据采集、统计、分析的工作。在项目一级，质量人采集项目相关的数据并对其进行统计和分析。从分析的结果，项目团队可以看出现阶段哪些方面做得还不够，哪些方面还存在着问题，哪些方面还需要改进，并为项目下一步的工作重点提供决策参考，而不是碰到问题后大家拍脑袋决定。在公司层面，质量人也会收集公司的过程数据，并将统计分析的结果反馈到高层领导，用数据说话，用事实说话，为高层的决策提供有力的参考和依据。

（10）进行缺陷预防。

从长远来看，公司要降低成本、提高质量就必须要进行缺陷预防。消除产生缺陷和问题的根本原因并且防止将来这类缺陷和问题的再次发生，以优化项目及公司的规范过程。缺陷预防并不是简单对缺陷进行发现和纠正。等到缺陷被发现时，实际上缺陷已经发生过了，对节省项目成本和控制进度来说作用并不是显得特别大，缺陷预防重在预防，防患于未然才真正有效。通常的做法是要求在开发周期的每个阶段实施缺陷预防和原因分析，吸取其他项目或本项目前期的一些经验教训，并使原因分析和缺陷预防成为一种机制。

在项目过程实施当中，质量人会指导并协助项目团队积极地开展缺陷预防活动，采集问题和缺陷相关数据，并对缺陷和问题的类型进行分析，了解问题的趋势，确定这些缺陷的根源和将带来的影响，并通过共同决策分析，得出所需要采取的措施并具体去实施。

(11) 实现质量目标。

经过了一系列质量相关的活动后，最根本目的还是要通过这些活动来达到项目乃至公司的预期质量目标。只有达到目标了，一切的努力才没有白费，工作才显现了应有的价值。

项目启动时，质量人会和项目团队一起结合公司的过程能力基线来制定项目的质量目标。在项目实施过程中，质量人会指导项目按里程碑、阶段、关键、特殊等控制点对质量目标进行控制，定期将项目运行情况和质量目标进行比较，及时发现偏差，及时进行调整，以保证项目最终能达到质量目标。如果项目的质量目标都达到了，那么公司的质量目标也就容易实现了，并提升了整个公司的能力基线。

(12) 达成客户满意。

客户会给公司带来价值，客户满意、客户忠诚是公司很重要的目标，公司可以提供给客户好质量的产品，好的服务，此时客户会满意，因为这就是他需要的，满足了其最基本的和已明确的质量需求，如何让客户达到忠诚，只满足基本质量需求和明确质量需求是不够的，还需要满足其潜在质量需求，才能达成客户忠诚。

公司提供给客户的质量服务，需要公司所有员工共同努力，在每个客户心目中都有一杆秤，质量服务提供的充足时，顾客就满意，越充足越满意，越不充足越不满意。

质量人作为公司质量窗口，从客户导入开始就与客户配合，承担着公司对外质量形象的重要角色，通过质量沟通，让客户感受到公司质量文化，质量能力，质量管理水平……使其对公司质量保证更有信心，从而更愿意合作，卓越的质量服务甚至可以超越客户的期望，使其不仅满意，而且惊喜和愉悦，以致使其成为公司忠诚客户，无形中也会给公司做更多免费推广和宣传，带来更多更好的客户，使公司基业长青。

经过以上总结，大家可能已经认识到质量人在公司中是一个不可缺少的角色了。从理论上来说，当公司的成熟度发展到很高等级，人人都具有很强的质量意识，人人都能自觉地维护质量和质量体系，人人都充当起质量角色的时候，也许就不需要专职的质量人了。但是，就目前来说这还仅仅只是一种理想的状态，质量人在相当长的时间内也应该还会继续存在。而且随着我国质量的普及，公司对质量人的需求也会相应地增大，质量管理这一岗位也将越来越有发展前途。

为什么现在国内中小公司质量被那么多人不理解，甚至误解，质量人也会郁闷、无奈。原因有很多，在这里简单列举几个：一个原因就是大家对质量管理工作不了解，不知道质量人是在帮助他们的工作，每个人都有趋利避害的本能，以为质量总是在找他们的错误，所以才抵触；另外一个原因就是公司制度原因，质量人只有监督权，没有处罚权，发现问题，只能劝说，不是指令，工作无法推进，高层也不支持，永远是"工作在先，管理在后"；还有就是普遍缺乏对规则的尊重和敬畏，对下而言是员工漠视规则，对上而言是领导内心其实并不重视规则。

现在大家对质量的价值有了全新的认识，愿意与质量人更好地合作，共同为公司创造更高价值。

2.3　影响质量的因素

2.3.1　5M1E

5M1E 是指：人（man）、机器（machine）、材料（material）、方法（method）、测量（measurement）、环境（environment）。

它是我们系统分析问题根源的思路和方法，是"顺藤摸瓜"的那一根"藤"。

质量管理通过将"5M1E 人、机、料、法、测、环"的方方面面都控制在一个"合理"的水平。

（1）人（man）：人员、利益相关方的人员。

人员本身具备的知识条件、受培训或指导的程度、对既有规则的执行力、对质量的认识、技术熟练程度、身体状况等都会影响其工作的质量，工作质量差异导致工序质量出现波动，进而影响产品质量。

利益相关方包括客户、公司领导、项目团队、供应商和生产制造人员等，这些人员对质量的认识、专业技术的熟练程度、经验丰富程度和身体状况等都会影响产品质量，其中对质量影响力最大的是公司中的"一把手"。

举例：

质量对研发过程进行阶段审核时，发现不符合准入条件，拒绝准入，此信息反馈给公司"一把手"，其考虑到客户对于交付时间的要求，直接要求项目经理走"特批"流程，他同意先准入，问题继续整改，就这样带问题进入了下一个阶段，导致产品研发出现质量风险和质量隐患，显著影响了产品质量。

人员影响质量的原因：

◇　人员变更；

◇　人员状态不稳定；

◇　新进员工/实习者；

◇　顶岗；

◇　认知度不够；

◇　身体状况不好；

◇　执行力差；

◇　长时间工作产生疲劳；

◇　操作时粗心大意；

◇　知识不够；

◇　不具备完成作业的技能；

◇　操作技能低；

◇　技术不熟练；

◇　由于工作简单重复而产生厌烦情绪；

◇　质量意识差，非质量人认为质量是质量部门的事，和自己无关；

◇　不遵守操作规范、程序。

控制措施：

◇　加强"质量第一、客户第一、下道工序是客户"的质量意识教育，加强质量宣传和培训，提升员工质量意识，强调质量工作需要全员参与、人人有责，建立健全质量责任制；

◇　编写操作规范、程序、标准、作业指导书等，上岗人员符合岗位技能要求，或经过相关培训考核合格才能上岗；

◇　编写明确详细的操作流程，加强工序专业培训，颁发上岗证；

◇　检验人员应具备的专业知识和操作技能，考核合格者持证上岗；

◇　检验人员能严格按工艺规程和检验指导书进行检验，做好检验原始记录，并按规定报送；

◇　通过工种间的人员调整、工作经验丰富化等方法，消除操作人员的厌烦情绪；

◇　对有特殊要求的关键岗位，必须选派经专业考核合格、有现场质量控制知识、经验丰富的人员担任；

◇　培养操作人员能严格遵守公司制度和严格按工艺文件操作，对工作和质量认真负责的素养；

◇　广泛开展质量改进活动，促进组织提高质量管理能力，促进自我提高和自我改进能力；

◇　引入自动化设备；

◇　加强预防、防呆、监控和检查措施；

◇　引入专业人员，提供专业培训，提高员工专业技能。

（2）机（machine）：机器，包括机器设备、工装夹具、检验工具、测量设备等。

"机"就是产品设计开发、测试和生产制造过程中涉及的所有机器设备、工装夹具、检验工具、测量设备等的品牌、精度、使用寿命和维护保养状况等，还包括过程中使用到的辅助软件的导入使用程度和覆盖面，比如各种 EDA 工具软件、ERP 系统、MES 系统等。这些因素会直接影响工序质量，进而影响产品质量。

举例：

A 和 B 两家设计公司，均负责为 M 客户设计产品，A 公司自己拥有自己的测试实验室，可以在设计开发过程中验证测试各项技术指标、性能、环境适应性、设备可靠性等，B 公司只有少量的测试设备，这样的公司除非客户有明确要求，一般不会花钱委外测试，结果就是研发产品测试缺项很多，这就很容易对比两家设计公司研发的产品质量，A 公司可以完全知道自己设计产品的各项指标以及不同使用场景下的表现，发现问题能够第一时间得到分析、改善和验证，确保问题有效关闭，B 公司呢，可能都不知道自己设计的产品有什么问题，怎么确保产品质量？

机器影响质量的原因：

◇　新采购；

◇　新安装；

◇ 部件更换；

◇ 品牌差异；

◇ 未定期校准、检修、保养、清洗等；

◇ 机器运行参数设置错误；

◇ 未做首件检验；

◇ 机器自身能力不够（比如机器老旧已达报废年限、机器精度不达标）。

控制措施：

◇ 加强设备维护和保养，定期校准、保养，定期检测机器设备的关键精度和性能项目，并建立设备关键部位日点检制度，对工序质量控制点的设备进行重点控制；

◇ 核实和标准化定位或定量装置的调整量；

◇ 尽可能使用自动显示和自动记录装置，减少对工人调整工作可靠性的依赖；

◇ 有完整的设备管理办法，包括设备的购置、流转、维护、保养、检定和校准等均有明确规定；

◇ 设备管理办法各项规定均有效实施，有设备台账、设备技能档案、维修检定计划和相关记录，记录内容完整准确；

◇ 生产设备、检验设备、工装工具、计量器具等均符合工艺规程要求，能满足工序能力要求，加工条件能随时间变化及时采取调整和补偿，保证质量要求；

◇ 加强工装工具和计量器具管理，切实做好工装模具的周期检查、更换制度和计量器具的周期校准工作；

◇ 生产设备、检验设备、工装工具、计量器具等处于完好状态和受控状态；

◇ 制定设备运行点检表，定时定期检查设备状态；

◇ 制定首件检验制度；

◇ 采购自动化设备，尽量减少人力参与设备运行；

◇ 按规定淘汰旧设备。

（3）料（material）：材料，包括设计选型材料，生产、包装过程使用的材料、配件、耗材等。

"料"指设计文档中物料清单（BOM）包含的材料、配件、耗材等，通常包括电子料、结构料，还有相关配套的辅材等。这些材料的选型和材料自身的结构、尺寸、成分、物料性能和化学性能等是否满足设计和质量要求都会影响产品质量，材料直接作用于产品，一旦不满足要求，在使用寿命和可靠性方面质量会严重不足，造成产品质量不稳定或早期失效。其中对产品质量影响最大的就是一些关键器件，比如主芯片、存储、电源管理等，通常来说也可以表述为价值较高的器件，这些器件的选型直接影响了产品的性能、可靠性及质量水平。

举例：

产品进入批量生产交付阶段，A 厂商所有物料均选用原厂提供的全新材料，B 厂商一部分高价值关键器件选用回收料，出厂时虽然都经过产线测试功能正常，但是，很明显 B 厂商交付的产品会存在可靠性风险和早期失效隐患。

材料影响质量的原因：

- ✧　新开发；
- ✧　设计变更；
- ✧　供应商不同；
- ✧　供应商生产变更；
- ✧　批次不同；
- ✧　品牌不同；
- ✧　来料不良；
- ✧　材料质量不稳定，早期失效；
- ✧　来料质量控制不严，导致不良品入库并错误使用；
- ✧　材料存储温湿度环境不合格导致不良；
- ✧　材料加工工序错误导致不良；
- ✧　材料运输不当导致不良；
- ✧　材料保存时间过长导致过期失效。

控制措施：

- ✧　在原材料采购合同中明确规定质量要求；
- ✧　规范物料仓库管理规范，规范特殊物料（湿敏器件）包装规范，建立进料检验、入库、保管、标识、发放、使用和回收制度，并认真执行，严格控制质量；
- ✧　定期盘点、标识、独立存放和清理过期材料，避免误用。
- ✧　加强自制零部件的工序和成品检验；
- ✧　搞好协作厂间的协作关系，督促、帮助供应商做好质量控制和质量保证工作；
- ✧　有明确可行的物料采购、仓储、运输、质检等方面的管理制度，并严格执行；

◇ 转入本工序的原料或半成品，必须符合技术文件的规定；

◇ 所加工出的半成品、成品符合质量要求，有批次或序列号标识；

◇ 对不合格品有控制办法，职责分明，能对不合格品有效隔离、标识、记录和处理；

◇ 生产物料信息管理有效，质量问题可追溯。

◇ 制定 PPAP 制度，材料导入前必须完成零件承认工作；

◇ 提供来料检验人员零件承认书、样品、检验流程和检验标准，并培训持证上岗；

◇ 合理选择供应商（包括外协厂），选择具备制程和质量稳定能力的供应商，完成导入审核，并定期考核；

◇ 规范员工操作作业指导书，建立上下工位互检制度。

（4）法（method）：方法，包括系统设计方案、测试方案、加工工艺、工装选择、操作规程等。

系统设计方案、测试方案、加工工艺是否满足设计要求，耗材更换是否合理，工装夹具选择是否准确、可靠，操作规程是否合理直接影响工序质量，进而影响产品质量。

举例：

A 公司和 B 公司生产同一种产品，A 公司整条生产线均已采用机器人和自动化设备，B 公司还是采用人海战术，不论是物料上料，还是 SMT 贴片质量检验，以及半成品测试都是由人工完成，这就很容易因为人员能力、经验、心情、健康程度等的不同影响产品质量，而 A 公司则完全不会有这样的顾虑，两个公司生产制造的产品质量批量一致性是会有明显差异的。

方法影响质量的原因：

◇ 设计规范、设计开发流程的正确性和合理性；

◇ 生产制造流程、生产/装配操作方法、工艺参数、设备操作指南等的正确性和合理性；

◇ 测试方案、测试用例的正确性和合理性；

◇ 质量管理预防方案、防呆措施、监控手段的正确性和合理性；

◇ 是否严格按流程、规范操作；

◇ 新工艺；

◇　工艺要求变化；

◇　加工方法变化；

◇　制作过程变化；

◇　配方参数变化；

◇　新设定的标准作业；

◇　变更后的标准作业；

◇　工序调整后的作业标准；

◇　工装夹具选择。

控制措施：

◇　规范、流程、操作方法、工艺参数、设备操作指南、测试方案、测试用例、预防方案、防呆措施等要求落实成文件，发布前进行同行和跨部门评审，确保其正确性和合理性；

◇　加强技术业务培训，使操作人员熟悉装置的安装和调整方法，尽可能配置显示制造工艺数据的装置，人员完成上岗前培训、考核，确保持证上岗；

◇　引入自动化生产，标准化流程；

◇　制度纪律要求，专人过程监控，上下工位互检；

◇　工装夹具、设备等定时检查，定期保养，周期校准；

◇　保证装置的准确性，严格首末件检验，并保证制造中心准确，防止加工特性值数据分布中心偏离规格中心；

◇　积极推行控制图管理或其他的控制方法，以便及时采取措施调整；

◇　严肃工艺纪律，对贯彻执行操作规程进行检查和监督；

◇　工序流程布局科学合理，能保证产品质量满足要求，此处可结合精益生产相关成果；

◇　能区分关键工序、特殊工序和一般工序，有效确立工序质量控制点，对工序和控制点能标识清楚；

◇　有正规有效的生产管理办法、质量控制办法和工艺操作文件；

◇　主要工序都有工艺规程或作业指导书，工艺文件对人员、工装、设备、操作方法、生产环境、过程参数等提出具体的技术要求；

◇　特殊工序的工艺规程除明确工艺参数外，还应对工艺参数的控制方法、试样的制取、工作介质、设备和环境条件等作出具体的规定；

◇　工艺文件重要的过程参数和特性值经过工艺评定或工艺验证；特殊工序主

要工艺参数的变更，必须经过充分试验验证或专家论证合格后，方可更改文件；

   ✧   规定并执行工艺文件的编制、评定和审批程序，以保证生产现场所使用文件的正确、完整、统一性，工艺文件处于受控状态，现场能取得现行有效版本的工艺文件。

（5）测（measurement）：体验、测试、检验、测量时采取的方法、频率等。

"测"就是测试方案、测试用例、测量方法、判定标准等是否标准、正确和覆盖全面，以及使用的计量器具、检测方法、技术和使用频率是否合理和正确。

举例：

产品经过测量和测试，其结果是判断产品质量最直接最有效的手段，因此，测量、测试方法不同就会直接影响产品质量，即使同一批产品，用不同的测试标准测试，结果肯定也是不一样的，就像消费类电子产品和工控类电子产品，就不能用同一测试标准进行衡量，很容易出现质量过剩或质量不足现象。

测量影响质量的原因：

   ✧   方法选择不同；

   ✧   方法变更；

   ✧   频次选择不同；

   ✧   频次发生变化；

   ✧   没有使用正确的测试方法；

   ✧   没有按测试用例完成测试，漏测；

   ✧   判定标准不正确；

   ✧   选择了错误的计量器具，包括量程和计量精度等；

   ✧   测量设备管理不善，没有定期检修、保养和校准。

控制措施：

   ✧   确定测量任务及所要求的准确度，选择使用的、具有所需准确度和精密度能力的测试设备；

   ✧   计量设备专人管理和维护，定期对所有测量和试验设备进行确认、保养、校准和调整；

   ✧   规定必要的校准规程，其内容包括设备类型、编号、地点、校验周期、校验方法、验收方法、验收标准，以及发生问题时应采取的措施；

   ✧   保存校准记录；

   ✧   发现测量和试验设备未处于校准状态时，立即评定以前的测量和试验结果的有效性，并记入有关文件；

  ◇ 应规定工艺质量标准，明确技术要求，检验项目、项目指标、方法、频次、仪器等要求，并在工序流程中合理设置检验点，编制检验规程；

  ◇ 按技术要求和检验规程对半成品和成品进行检验，并检查原始记录是否齐全，填写是否完整，检验合格后应填写合格证明文件并在指定部位打上合格标志（或挂标签）；

  ◇ 严格控制不合格品，对返修、返工能跟踪记录，能按规定程序进行处理；

  ◇ 对待检品、合格品、返修品、废品应加以醒目标志，分别存放或隔离；

  ◇ 特殊工序的各种质量检验记录、理化分析报告、控制图表等都必须按归档制度整理保管，随时处于受检状态；

  ◇ 编制和填写各工序质量统计表及其他各种质量问题反馈单。对突发性质量信息应及时处理和填报。

  ◇ 制定对后续工序包括交付使用中发现的工序质量问题的反馈和处理的制度，并认真执行；

  ◇ 制定和执行质量改进制度。按规定的程序对各种质量缺陷进行分类、统计和分析，针对主要缺陷项目制订质量改进计划，并组织实施，必要时应进行工艺试验，取得成果后纳入工艺规程；

  ◇ 首末件检验；

  ◇ 加强检验工作，适当增加检验的频次；

  ◇ 对特殊工序应明确规定特殊工序操作；

  ◇ 各项文件能严格执行，记录资料能及时按要求填报。

  ◇ 对每个质量控制点规定检查要点、检查方法和接收准则，并规定相关处理办法；

  ◇ 采购更多新设备，提升测试范围和测试项目数量；

  ◇ 导入 AI 智能测试方案，24 小时全时段。

  （6）环（environment）：环境，包括法规、政策、社会、自然、经济，质量氛围，工作现场的温度、湿度、照明、辐射、噪声、通风、干扰、振动、室内净化、污染程度、清洁条件等。

  "环"就是社会经济大环境和公司整体质量环境，可以是客户、公司管理层、供应商公司整体对待质量的意识，也可以是项目成员之间的团队相处环境、公司在行业中的地位环境，还可以是生产制造 5S 环境等。

举例：

A 公司已经是行业标杆组织，B 公司却在生死边缘挣扎，质量在这两家公司中所处的环境就会差异非常大。A 公司不会为了某个订单降低产品质量，B 公司却很容易为了生存和发展优先保证交付而降低产品质量要求。

环境影响质量的原因：

- ✧ 工作和存储现场温度、湿度、照明、清洁度、噪声、振动及通风等改变；
- ✧ 原材料、产品包装环境不符合要求导致运输或存储早期失效；
- ✧ 仓库存储环境温湿度、时效管理不符合规范；
- ✧ 组织质量文化环境不好，员工质量意识差；
- ✧ 组织办公环境 5S 差，影响员工心情和工作质量；
- ✧ 管理层有问题，团队建设差，员工之间关系不好，影响工作质量。

控制措施：

- ✧ 开展 5S 活动，提供员工舒适办公环境；
- ✧ 有生产现场环境卫生方面的管理制度；
- ✧ 环境因素如温度、湿度、光线等符合生产技术文件要求；
- ✧ 生产环境中有相关安全环保设备和措施，职工健康安全符合法律法规要求；
- ✧ 生产环境保持清洁、整齐、有序，无与生产无关的杂物，可借鉴 5S 相关要求；
- ✧ 材料、工装、夹具等均定置整齐存放；
- ✧ 生产环境中有针对有毒有害物质的处理规定和相关要求；
- ✧ 相关环境记录能有效填报或取得；
- ✧ 组织一把手带头，公司高层重视，质量宣传和培训到位，形成全员参与承担质量职责的质量文化；
- ✧ 规范原材料和产品包装规范；
- ✧ 规范仓库管理制度；
- ✧ 建立团队建设制度，促进员工之间关系融洽。

2.3.2　过程

什么是过程？

过程就是事物发展所经过的步骤、程序和阶段。将输入转化为输出的相互关联、相互作用的活动。

基本所有活动都可以将其认定为一个过程，任何过程都有输入和输出，输入是实施过程的基础、前提和条件；输出是过程完成后的结果。

质量好坏就是结果，决定结果的却是过程，所以说过程是影响质量的因素没有错。

我们做研发质量管理实际上最重要的手段和方法就是进行"过程管理"，所以我们必须要了解和熟悉研发过程，如果我们不熟悉过程，也不关心过程，只看结果，是不可能管理好质量的，更不是好的管理者。

要想做好过程管理，需要清楚过程的所有要素：过程的输入（如过程所需的文件或零件等）、过程的负责人、必要的资源（如设备、工具）、过程的操作步骤、流程和控制方法、过程评价的关键绩效或指标、过程的输出（如零件、半成品、成品或文件等）。

2.3.3　变异

什么是变异？

变异是相对于通常、一般来说的，泛指跟以前的情况相比发生了变化。

变异是质量的天敌，我们在做质量管理的过程中，特别要有这个认识，无论是在事前预防，还是事后分析，都要考虑变异这个因素。

变异影响质量的因素：

◇　不同人员操作产生错误；

◇　设计错误；

◇　零件选型错误；

◇　供应商提供不合格产品；

◇　设备维护、保养不善，未校准。

控制措施：

◇　实行同行评审、跨行评审，可以有效降低开发人员出现的设计错误；

◇　标准化、模块化设计；

◇　建立已承认零件库；

◇　建立合格供应商名录；

◇　制定设备管理规范，使用点检记录，专人管理和维护。

举例：

我们做质量管理，会遇到这样一种现象：A项目已经持续量产出货很长一段时间了，质量一直很稳定。但是某一天，突然接到客户投诉，大量用户反映产品不能正常使用，客户怀疑我们最近批次的产品质量有问题，让我们立即派人去现场确认和分析，以最快速度给出原因和解决方案，问题不解决好，处罚免不了。这样的投诉，一般第一时间都会转给我们做质量管理的人，特别是负责这个项目的质量人，如果是你，你会如何思考，从哪里开始，如何着手去处理？

我通常的做法：

第一步，梳理问题，收集信息和数据，并能够用自己的语言重新陈述一遍问题，完成和客户确认认识是否一致；

第二步，针对客户投诉的问题，思考一下可能的原因，并召集项目团队相关成员开会确认分析；

第三步，回忆一下，这个产品最近有没有做过变更？如果内部没有变更，马上梳理和问题相关的外部相关方（包括客户），并第一时间去确认。

通常做完以上三步，问题大概率就能被定位了，而且很大可能性会是有一方做了变更，要么违反流程没有验证完成，要么验证不充分，批量后原来概率性问题放大了。

针对这种已经稳定运行很长一段时间的产品突然出现批量性异常，你就可以从"变异"这个维度去着手分析，命中的概率会非常高。

2.3.4 风险

什么是风险？

对于风险，比较常见的理解：风险即潜在问题，是一种不确定性，有一定概率会发生的问题。

风险在产品研发过程中无处不在，项目初期做好风险识别和管理对于研发质量的保障意义重大，我们做产品研发质量管理特别要重视风险管理这个维度的工作，清楚认识到事前预防绝对好过事后救火，一旦风险发生，阶段越往后，成本损失会以指数级上升。

风险影响质量的因素：

✧　立项前没有做风险评估。

   ◇　风险评估不充分，有遗漏。

   ◇　风险值 RPN 评分错误（风险值 RPN = 严重度 R × 频度 P × 探测度 N），高风险项目通常包括：一个项目具有很高的风险值 RPN；一个项目的失效模式的严重度是 9 或 10 时；一个项目具有很高的严重度 S × 频度 P；一个项目具有很高的严重度 S × 探测度 N。

   ◇　风险预防应对方案失效，或没有导入风险应对方案。

   ◇　有不可承受的风险项。

   ◇　高风险项没有补救措施。

控制措施：

   ◇　应对风险的策略：风险预防、风险规避、风险转移、风险分散和风险承受。

   ◇　风险就是不确定，未知。风险来自未知，风险消失于事前准备。只有通过深入思考和研究，将不确定变成确定，将未知变成已知才是正确应对风险的方式。

   ◇　应对风险，不是停留在口头上，而是在准备的细节上。风险越高，越需要准备充分，一定要有应对策略和 Plan B，在实行过程中严格监控和检查过程，确认风险是否发生，一旦发生及时按应对策略执行，如果应对策略失效，马上导入 Plan B。

   ◇　如果经过分析和研究，已知的风险没有有效的应对方案，那就需要评估最坏的结果，并上报公司领导进行决策，项目继续进行，还是一旦风险发生，只能接受并承担相应损失。

风险我们应该重视，但一定不要一听有风险就害怕，不愿去面对，也许是你并没有真正理解什么是风险，其实任何时候，任何地点，做任何事情，风险就一直都是存在的，但是，对于每一个不同的人来说，即使是同一件事情，风险的大小、发生的概率却是天差地别的。

举例：

开车这件事，我们都知道是有风险的，因为稍有不慎就有可能发生车祸，大家同样开车，为什么有的人一年 12 分都不够扣，而有的人从拿到驾照到现在这么多年，从未被扣分过？

真正的原因就是不同人对开车风险的理解是不一样的。

开车，很多人理解的风险是：开得快就是风险，便宜的小的车子质量差就是风险，女司机开车就是风险。他们应对风险的策略：开慢点；买车就要买进口车，买大品牌的车；不让女生开车或远离女司机。

而有的人理解的开车风险是：不遵守交通规则，没有良好的驾驶习惯（开有隐患的车子，疲劳驾驶，不分场合开很快/或开很慢，开车不系安全带等），不懂什么是防御性驾驶。他们应对风险的策略是：学懂学通交通规则，并严格遵守。养成好的驾驶习惯。学习掌握并实践防御性驾驶技术。多看车祸视频，敬畏生命。无论是开车还是停车，都考虑不要将自己和车子置身于危险之中，不给别人添麻烦，等等。

通过以上案例，相信大家已经能够理解什么是风险了，风险不是一种固定的概念，不同事物，风险是不一样的，即使同一事物，不同人对于风险的理解也是不一样的，风险的大小也是相对的。

如果你不了解它，你就无法正确理解和识别风险，那么你所谓的对策都是无效的，很容易就会发生风险，导致意外出现。相反，你越了解它，就能真正正确识别其中的风险，清楚自己在做什么的时候，其实对于你来说，风险已经降到最低了。

2.3.5　时间

时间对于质量的影响我相信做过质量的人都会有深刻体验，这也是项目经理和项目团队经常会挂在嘴边的一个武器，用它来逼迫质量管理人员就范，放行有瑕疵的零件或产品。

举例：

质量检验人员抽检发现一批外壳来料尺寸不符合零件承认书图纸标准尺寸，判定为来料不合格，通知供应商退货，这时项目负责人有可能就会找到质量人，告知这批货客户催得很急，好不容易安排好生产计划，如果这批货退货，供应商重新生产交付，还不知道拖到什么时候，能不能先申请特批入库，上线前让供应商派人来挑选，合格的上线，不合格品退货。

通常遇到这种情况，大概率就是特批入库，这就是时间这个因素影响了质量。

事前控制、事中控制和事后控制，研发质量管理越往前就越有效。

时间影响质量的因素：

✧　时间不够；

✧　时间太赶。

控制措施：

✧　给研发每个工作任务评估标准工时和最短工时，一旦出现项目计划没有预留足够时间，作为风险点提前提出，并准备应对方案；

✧ 项目计划关键路径上的工作任务要提前考虑风险，保留浮动时间；

✧ 重大风险要提前预留浮动时间，一旦预防措施失效，风险真实发生后，有足够的时间去处理，而不是被迫降低质量标准；

✧ 减少变更；

✧ 平时做好预防工作，而不是等问题发生了再告诉别人你做错了。

2.3.6 成本

俗话说"一分价钱一分货"，成本影响质量，我相信任何人都会认可这个因素。但是我也要提醒我们做质量的人，成本会影响质量，没错，但成本高质量就好这个观念是错的，成本的高低和质量的好坏之间不能画"＝"。

那么，我们做研发质量管理的该如何正确看待质量和成本之间的辩证关系呢？

✧ 对于公司来说，不计成本谈质量，没有任何意义；

✧ 不能追求过高的质量目标，过高的追求质量目标会提高成本。反过来，因为质量不合格而进行修复或整改，也必然造成成本上升；

✧ 成本控制，应以满足质量标准为前提，产品质量不达标，成本控制也就失去了存在的意义；

✧ 实事求是，综合考量，兼顾质量和成本，达成公司和客户效益的最佳"合理"状态。

2.3.7 一把手

公司一把手和高层管理人员对质量的重视是提升公司质量管理水平的关键，从某种意义上讲，公司一把手最为关键，任何副总、技术负责人和质量负责人都无法替代，其中一把手的质量意识和行为决策更是起了最关键的决定性作用，还很容易造成一系列"示范"效应。

一把手影响质量的因素：

✧ 一把手，在公司运作过程中，负责制定公司战略，确定公司未来发展方向，他是公司的灵魂和明灯；

✧ 一把手对待质量的态度和一举一动，每个员工都能看到和感受到；

◇ 一把手决定了质量在公司员工心目中的地位；

◇ 一把手决定了公司员工的工作质量；

◇ 一把手决定了公司员工的质量价值观；

◇ 一把手最终决定了公司的质量管理水平的高低；

◇ 一把手的质量观念往往决定了团队的质量观念；

◇ 一把手对质量的重视程度一定程度上决定了团队对于质量的投入程度。

控制措施：

◇ 质量文化建设；

◇ 建立质量管理体系和制定规则（关键环节设定高压线），一视同仁；

◇ 借助客户的"势"，推动一把手重视质量；

◇ 找机会勤汇报、勤沟通（重点项目、质量改进、客诉、质量案例等），让一把手了解质量和质量工作，建立质量意识。

2.3.8　质量人

是不是没想到，我们自己做质量，竟然也是影响质量的因素，没错，而且影响还会非常大。

质量人影响质量的因素：

◇ 质量管理工作涉及方方面面，事无巨细，有经验的和没经验的，会影响产品质量；

◇ 工作流程的作用就是确保不同人遵循统一方法完成同一工作，不至于出现太大差异，质量人自己有没有按流程操作，有没有监督项目团队是否按流程操作，会影响产品质量；

◇ 不同质量人专业能力有高低，对产品的理解有深浅，职业操守、认真、用心程度也不同，会影响产品质量；

◇ 各种质量管理工具都是提升我们质量人工作效率和工作质量的模型，是否在正确的地方充分使用它们，会影响产品质量；

◇ 不同质量人对待质量的态度，遇到问题的处理方式不同，会影响产品质量；

……

控制措施：

略。

2.3.9　文档管理

不知道你有没有这样的经验，你准备导入一家新供应商，开始和对方质量管理人员接触，你需要他们提供他们公司质量管理相关的文档资料，他们要么没有，要么拿出来一看就水，这会导致你对他们公司的印象大大降分，觉得这家公司很一般，从而质疑他们的质量管理能力和产品质量，一旦出现这种情况，这样的公司是很难被加入合格供应商名录的。

由人及己，如果公司想让客户感受到自己质量管理水平的专业，文档的管理是最基本的条件，文档管理不好，其他工作做再好都没用，因为客户会认为我们的工作不确定性太高，不可控，不能把重要的项目交给这样的公司。

这里的文档管理不是指个人文件管理，而是指要按照质量管理体系要求将公司业务文件化，用来沉淀和传承专业知识和经验、规范过程、管理培训、数据分析、指导工作（避免犯重复错误）、提供公司能力证明等。

文档管理：

✧　公司业务的文件化；

✧　文档拟定、命名、归档、保存、查找、领用、外发、更新和废弃等；

✧　外来文件管理。

文档管理对于任何一家公司来说，都是非常重要的一件事，如果一家公司没有做好公司业务的文件化，那么，你基本可以判断这家公司的质量稳定性不高。

2.4　什么是质量管理

ISO 9000：2015《质量管理体系 基础与术语》

质量管理定义：关于质量的管理。

注：质量管理可包括制定质量方针和质量目标，以及通过质量策划、质量保证、质量控制和质量改进实现这些质量目标的过程。

其他质量管理定义：就是通过一系列质量策划、保证、控制和改进活动，确保产品和服务符合顾客需求，最终实现以最经济、最有效的方式达成顾客持续满意。

什么是质量管理的目的？

◇　为公司创造价值，提升品牌形象，扩大市场份额；

◇　满足顾客要求，为顾客提供质量保证，增强顾客信心，提升顾客满意度；

◇　预防问题发生，控制风险，实现质量目标；

◇　开发出符合市场和客户需要的物美价廉的产品和服务；

◇　提升产品质量，减少变更次数，降低不良品率和返修率。

在真实的质量管理过程中，质量的概念最初仅用于产品，后来慢慢逐步扩展到过程、工作和体系质量，以及以上几项的组合。图 2-2 所示的四个方面就是质量管理通常关注的对象。

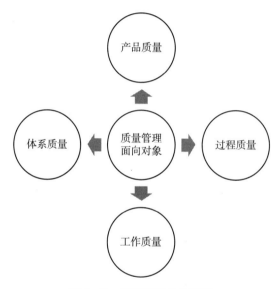

图 2-2　质量管理关注对象

2.5　什么是研发质量管理

研发质量管理是指围绕项目质量所进行的指挥、协调、控制等活动，是项目管理的重要内容之一。

研发质量管理包括为确保项目能够满足质量需求所展开的过程和整体管理职能的所有活动。这些活动包括确定质量计划、目标和标准。在项目生命周期内，需要持续使用质量策划、质量保证、质量控制和质量改进，最大限度地满足顾客的需求和期望，并争取最大的顾客满意度。

研发质量管理从属于质量管理，是质量管理在项目领域中的应用，它和质量管理不仅仅是局部和整体的关系，它是项目管理和质量管理这两个学科的结合，通过质量管理体系、工具和知识来满足项目特殊要求的系统应用。它是基于项目的特点，即目标明确的、一次性的、不可逆转的和暂态的过程。

2.5.1　研发质量管理过程

◇　质量策划——判断哪些质量需求、目标和标准与本项目相关，并决定如何达到这些标准。

◇　质量保证——开展规划确定的系统质量活动，确保项目实施满足要求所需的所有过程。

◇　质量控制——监控项目的具体结果，判断他们是否符合相关质量标准，并找出不合绩效的方法。

◇　质量改进——罗列项目质量问题点，编制质量改进计划并制定质量改进目标，实施改善计划的所有过程。

2.5.2　研发质量管理特点

◇　复杂性。由于项目的影响因素繁多，经历的环节多、涉及的主体多、质量风险多等，使得项目的质量管理具有复杂性。

◇　动态性。这种动态性体现在控制要素、控制手段、检验基准等。项目经理从决策阶段至结束验收阶段的完整的生命周期。由于不同阶段影响项目质量的因素不同，质量管理的内容和目的不同，项目的参与方不同，所以项目的质量管理的侧重点和方法要随着阶段的不同作出相应的调整。即使在同一阶段，由于时间不同，影响项目的因素也可能不同，同样需要进行有针对性的质量管理，所以，质量的管理具有动态性。

◇　难以纠正性。项目具有一次性的特点，项目的有些质量问题往往没有采取纠正措施的机会，或者质量问题的后果是毁灭性的。这就需要对项目的每一个环节、每一个要素都予以高度重视，否则就会造成无法挽回的影响。

第 3 章

研发质量管理通识能力

通识教育的目的是使人成为健全人格的人，关注的是"成人"。

通识能力的培养，就是构建一个人的内核能力，追求的是研发质量管理基础知识的广度。不仅注重传授研发质量管理的基础知识，更强调要提升关于研发质量管理工作相关的跨学科整合能力、理性思考能力、交流沟通能力、研判思维能力和辨别价值能力。

通过研发质量管理通识学习，逐步形成个人的研发质量管理基本知识体系框架、分析方法和认知能力，在公司中，无论面对各种工作任务还是具体质量问题，都能够独立思考、全面分析、准确判断和善于自省。

作为研发质量管理新人，很长一段时间心里都是忐忑不安的，工作过程中放不开自己，总怕出错，这种现象在领导安排你接新任务时更明显，因为没有把握。

为什么会没有把握呢？

其实这就是一种客观规律，作为研发质量管理新人，你对于研发质量管理这项工作的内容和环境没有规律性的了解，或者你从来就没有接触过这类工作，或者接触得不多，因而无从谈起能够把握研发质量管理工作的本质以及其规律性。你只有经过一段时间的学习和实践，并且在这个过程中不断进行阶段性工作复盘、归纳和总结，你才会逐渐对自己的工作比较有把握，在这个过程中你的自信心也就慢慢地建立了，你就会更愿意、更坦然去做研发质量管理。你在工作中经过了一段时期的学习和实践，就会有了这项工作的经验了，如果你还是一个肯钻研、肯虚心体察情况的人，而不是一个主观地、片面地、表面地看问题的人，你就能够依据自己的学习和实践经验总结出可以怎样更好地开展研发质量管理的结论，你的工作勇气也就可以大大地提高了。

作为研发质量管理新人，不可以主观地、片面地和表面地看任何问题，跑到一个新地方，不问环境的情况，不看事情的全体（事情的背景、历史和全部现状），也不了解事情的本质（事情的性质及此事情和其他事情的内部联系），就自以为是地发号施令起来，这样的人是没有不跌跤的。

我给你的建议是你要先静下心来，去适应工作环境，跟大家多打交道，了解公司，了解领导，了解同事，熟悉工作的职责、规范和流程等，等到都熟悉了，工作自然好开展了，这就是功到自然成。

3.1　构建专业知识体系方法

要想做好研发质量管理工作，就得构建自己专业的知识体系，怎么做？

读万卷书→行万里路→阅人无数→名师指路→自己领悟→知行合一。

◇　尽量多读和质量管理相关的书籍，让自己对这个专业有个整体印象和感觉，选出 3~5 本最经典的著作精读，多研究，然后梳理出知识结构。

◇　多做项目，理论结合实际，边学边做边思考边调整，积累实践经验。

◇　和部门内部同岗位同事、公司同事和领导、行业友商、合作伙伴、终端用户等多交流，多学习，从不同视角和立场理解自己的专业工作。

◇　和行业大咖、专家和学者等交朋友，多倾听，多请教，请他们给予指导，提升和扩展专业认识。

◇　多参加培训，形式不限，可以是：

➤　外部质量管理专业课程培训。

➤　部门内部组织的专业培训、知识分享、案例讨论和经验总结等。

➤　公司组织的专业相关的知识培训。

➤　公司内部各部门组织的专业培训，特别是关于：行业发展、产品、项目、研发、测试、工程、生产和售后等。

➤　邀请公司内部其他部门专门为研发质量做一次关于"如何做好××的研发质量管理"的培训，教我们如何更高效地做好研发质量管理工作。

➤　邀请不同供应商定期来讲课，内容包括：供应商提供零件或产品的功能/性能指标和特性，研发过程/生产过程/工艺等的质量管理、测试方法和标准、检验标准、包装/存储方式等介绍。

♦ 持续不断复盘、归纳和总结，未来持续改进和完善，构建出自己的专业知识体系。

♦ 理论→实践→新理论→再实践，边学边做边调整，如此循环往复，不断完善和提升自己。

3.2 学习岗位职责与工作流程

认真阅读公司《质量手册》和部门所有相关文件，了解公司必须遵循的相关信息，学习自己岗位的职责和工作流程。

一开始可以先把所有文档通读一遍，对自己岗位的工作有个初步印象和感觉，如果有不懂和有疑问的地方可以先记录下来，自己查资料学习和思考，还不懂，再找人请教。

通过学习，熟练掌握在产品研发过程中，清楚知道"自己"在"什么时候"要"做什么"，并且知道"为什么"要这么做，以及"如何做"和"做到什么程度"。

♦ 知道这个岗位的职责是什么，即知道哪些工作是应该我要去做的。

♦ 知道工作流程是怎样的，即告诉我先做什么，后做什么。

♦ 知道和我工作相关的部门、岗位都有哪些，即我工作的相关方都有谁。

♦ 知道谁、输入什么后就会触发我启动工作。

♦ 知道我工作结果输出给谁，对方的要求是什么。

♦ 知道我工作的规范是怎样的，即如何判断我工作做得好坏与否。

♦ 知道我工作相关表单有哪些，即如何证明我做完了我的工作。

♦ 知道研发质量管理的模式是怎样的。

知道自己的工作有哪些，先思考，如果要做好工作，有哪些问题需要搞清楚，把这些问题写下来，然后再去看文件，从文件中找答案，当你带着问题去阅读时，效率会更高，效果也会更好一些。

为什么先学习岗位职责 & 工作流程呢？

做任何事情，如果你想要做好它，最最基本的就是你得正确认识和理解这个事情，如果你都不清楚自己在做什么，是不可能做好它的。

然而认识事物不是一个一蹴而就的过程，它是一个在不知不觉之中持续发展的过程，你特别要注意重视加强基础专业理论知识的学习，打牢专业基本功，你要知道树高千尺离不开根，树能长多高，根就需要有多深，水中的浮萍，是永远长不成参天大树的，专业理论知识就是你的根，为你将来在专业方向的茁壮成长提供养分，你的"根"越深，越结实，你未来的发展就会越有前途。

可不可以做一个小项目，边学边做会不会效率更高，效果更好一些呢？

我的意见是不行，确实，实际操作总是比学习理论有趣得多，成就感也会更强，但是，倘若抛弃了理论先开始实践，就如同一个还没训练合格的士兵被指挥官派上了战场去打仗，这不是一个合格指挥官能够做出的事情，这也是对这名士兵生命的不负责任。

举例：

如果你是一个病人，去一家非常有名的医院看病，你挂了一个专家号，然后轮到你后，专家跟你说，今天我临时有其他重要任务要去处理，让一个刚考上医学院的新生给你先看病，并告诉你，这个学生很聪明的，让他边学边看病，请你放心，他没问题的。这时你心里会怎么想？你会放心把自己交给这个新生吗？你一定非常生气，心想，一个新生，医学知识都还没学通呢，就来给我看病了，把我当小白鼠啊，这不瞎胡闹吗？那不行的，我绝不接受的，我要投诉！

同样道理，研发质量管理也是非常专业的岗位，不是像你以为的可以边学边做也能做好的，客户是因为信任我们公司，才愿意与我们合作，把项目交给我们，我们当然不能辜负客户。

所以要记住，不知道自己的岗位职责，也不懂工作的流程和标准，即使给你了项目，实践时只会无从下手，即便你硬着头皮去做了，目标在哪里，做完了如何判断做的结果好不好你自己都傻傻分不清楚，谈何对研发质量负责？还有，由于你理论知识的匮乏，那么你对产品研发质量管理的认识就会是片面的，不是系统和全面的，这会导致你做事情的结果不可预测，这种做事方式不是我想要的，所以你现在付出的一切辛苦和努力，其实都是未来精彩的基础。

理论知识学习的本质，就是让你从混沌走向清晰。

我们身边确实还有很多人不喜欢理论，总觉得理论没什么用，自认为做事的经验才是最重要的，信奉实践出真知，从不用全面和发展的眼光看待事物，长期拘守于自身的片段经验，不了解理论对于实践的重要性，就看不到事物的全局。

出了问题后，还经常动不动反问：以前一直都这样操作的，从来没发生过问题，为什么现在不行了？问题肯定不是我造成的，虽然他们也在辛苦地工作，但却是盲目地在工作。

只有把理论基础打牢了，将来在实践过程中你才能游刃有余，触类旁通。另外你还要知道，理论和实践之间的关系，其实就是"知和行"的关系，知在前行在后，先理论，后实践，再通过实践来验证理论的正确性，两者相辅相成才符合我们认识事物的客观规律，理论的基础是实践，理论是要为实践服务的。

最后我再强调一点：让你学习并不是让你把内容都背下来，你只需要通读就行，提高你的专业感知能力，要用的时候知道有这些文件，它们都讲了些什么，在哪里能找到它们，未来你在实际工作中，遇到不懂的地方，知道有这些文件可以指导或者帮助到你，直接把它们找出来，重新学一遍照着做就行。

3.3 认识研发质量管理工作

什么样的事情你确定能做好？是不是你最熟悉，已经做过很多次的事情，对于这样的事情你是很有把握的，因为你很清楚做这件事情的过程是怎样的，包含各个细节，你也知道该如何去做，知道如何评价做完后的结果是否令人满意。

要想做好研发质量管理工作，我们需要建立研发质量管理系统知识体系，当你熟练掌握了研发质量管理系统知识以后，就像庖丁解牛一般，当你对整头牛的身体结构了如指掌以后，杀牛对你来说就是易如反掌的操作，你对产品研发质量的管理就会变得同样没有任何难度。

研发质量管理系统知识体系主要涉及两部分知识：

（1）产品研发过程。

即产品是如何从无到有的，经历了哪几个阶段，各阶段各相关方的工作内容是什么，正所谓"知己知彼，百战不殆"。

（2）产品研发质量管理工作内容。

即为确保产品研发质量，我们需要做哪些工作，以及怎么做这些工作才能达到预期。

3.3.1　产品研发过程

3.3.1.1　产品研发过程总览图

我们做研发质量管理工作，要想做好，需要对"产品研发过程总览图"（见附录），做到"战略上的全局观＋战术上的精准细"。

什么是全局观？

所谓全局观，就是用联系和发展的眼光分析问题，不能只在眼前的事务里转圈子，要看到事物空间上的关联性和时间上的延续性。

通俗讲就是思考问题时：一要时间上纵览，看到发展变化；二要空间上俯视，看见内外联系。合二为一，就是全局观。

就是要知道产品生命周期中产品研发过程是怎样的，以及项目团队每个成员的职责是什么，每个阶段的主要工作有哪些。用大白话讲就是产品研发，要知道先做什么，后做什么，什么时候做，谁来做，以及要知道为什么要做，如何去做。

把这些问题搞清楚了，我们做研发质量管理就能有根有据，有章有法，这是非常重要的，是我们做好研发质量管理的前提条件和基本要素。

3.3.1.2　产品生命周期

PLC（product life cycle），一般我们称之为"产品生命周期"，设计公司一般认为新产品应从客户需求或者产品创意开始算起，经过概念、计划、开发和验证，到发布和退市结束。这个周期我们称为产品生命周期。

不见得每家公司的"产品生命周期"都长得一模一样，有的可能比这个更复杂，而有的可能比这个简单，但整体思路都是差不多的。

用大白话讲就是：需求是什么，能不能做（概念）→做什么，什么时候做（计划）→做出来（开发）→做测试和试生产（验证）→转量产（发布）→售后，直到退市（结束）。

概念阶段

基本上，每个新产品的诞生都是从新概念开始的，新案子的提议除了公司内产品规划部门或销售部门自发性的提议，也可能是直接来自客户的需求。

根据市场、竞争对手、竞品和主芯片平台路线图进行市场调研，收集用户痛点，目标客户及潜在客户的需求，以及产品的成本、开发周期、质量目标/标准，提出 PRD（product requirements document，产品需求文档），进行关键器件选型、技术可行性分析和风险评估，完成系统设计和产品规格书初稿，再提交公司管理层进行概念决策评审，确定项目是否立项。

计划阶段

项目团队正式成立，项目经理带领项目团队完成需求评审和产品规格书评审，组织产品研发过程 WBS（work breakdown structure，工作分解结构）头脑风暴，输出项目计划，并完成项目计划评审，项目经理提交公司管理层进行计划决策评审，确定项目是否正式启动。通过后项目经理下发项目任务书，各项目成员及部门负责人签字确认，项目经理召开项目启动会，项目正式启动。

开发阶段

研发工作正式开启，进入详细设计阶段，这就是我们比较熟知的"研发过程"，技术人员要根据项目计划和产品规格书开展工作，然后输出开发资料。研发过程一般分为两个阶段：EVT 阶段和 DVT 阶段，同时进行的还有新功能测试方案开发、新供应商导入、零件承认和产品认证等相关的工作。这个阶段完成表示产品设计工作已经基本完成。

备注：

◇ EVT（engineering verification test）：工程验证与测试阶段，验证可行性。这是研发第一阶段，一般这个阶段会制作工程样品，是给技术人员做除错（debug）及验证用的。产品刚研发出来，问题还很多，有些甚至是实验性质，技术人员可能还在测试验证设计方案的可行性，所有可能的研发问题都必须找出来一一解决，所以重点在考虑设计完整度，有可能会做几次 EVT。

此阶段的重点是对产品的软件及硬件主要功能进行验证。

◇ DVT（design verification test）：设计验证与测试阶段，验证可靠性 + 可操作性。这是研发的第二阶段，解决样品在 EVT 阶段的问题后进行，此阶段设计工作基本都完成了，产品基本定型。重点是把设计及生产制造问题找出来，确保所有的设计都符合规格书要求，而且可生产。

一般情况下 EVT 阶段产品尚未定型，无法对产品进行可靠性测试，所以 DVT 阶段的测试除软件及硬件测试外，需要增加可靠性测试（六性：可靠性、安全性、维修性、保障性、测试性、环境适应性），DVT 阶段测试及评审流程同 EVT 阶段。

验证阶段

产品正式大批量生产前，需要进行小批量生产验证，即 PVT 阶段。这个阶段主要目的就是 NPI（new product introduction，新产品导入），把新研发出来的产品导入工厂端生产。主要工作包括：验证新零件批量生产质量稳定性、生产流程确认和生产工位作业指导书验证。所以必须要先做小批量生产，验证小批量时产品的批量一致性，确定工厂有能力依照标准作业流程做出符合设计要求的产品，而且所有的生产流程都要符合工厂的标准程序，这个过程如果发现设计问题需要修改，必须走设计变更流程。这个阶段完成表示零件承认工作和产品相关认证全部完成。提交公司管理层进行可获得性决策评审，确认是否可以转量产，确认通过后，项目团队需要进行量产交接。

备注：

◇ PVT（pilot‐run verification test）：生产验证与测试阶段，验证安全性＋批量一致性。这个阶段的产品设计已经完成，所有设计的验证也告一段落。试产的目的是要做量产前的新零件批量生产质量稳定性、生产流程确认和生产工位作业指导书验证，所以必须要先做小批量生产，验证小批量时产品的批量一致性，确定工厂有能力依照标准作业流程做出符合设计要求的产品，而且所有的生产流程都要符合工厂的标准程序。

此阶段工作完成，零件承认工作和产品认证均完成。

发布阶段

项目已经正式量产，但在首次量产时，项目团队仍然需要到生产现场进行技术支持，这时生产线员工虽然已经完成培训，但生产处于爬坡阶段，依然有可能会出现以前小批量试产没有出现过的问题，技术人员第一时间在现场确认、分析和处理，可以在最短时间内解决问题，缩短爬坡时间，达成每小时/每天产能目标。

随着生产的进行，还有两项工作需要去做：

◇ 提升生产直通率，直通率的提升一方面可以增加产能，另一方面也可以减少损失，还能缩短交期。主要通过采用自动化设备、优化生产流程和工位操作指导、零件标准化和减少生产过程质量问题等来达到目的，这可能会需要用到 QC（质量控制）七大工具和 SPC（statistical process control，统计过程控制）的手段，以及实验设计等质量工具，不排除有时还需要技术人员和供应商的支持。

✧ 质量问题改善，持续生产过程依然不可避免会出现各种问题，需要技术、工程、质量、生产和维修人员通力配合，找到问题根本原因，彻底解决。研发项目团队还需要针对首批 DOA（dead on arrival，开箱不合格）产品和首批客退 100 台不良品进行分析，找到问题发生原因：设计原因、零件原因、人员原因、机器原因等，并提出解决方案。

经过以上两个环节，产品质量和生产过程基本已经稳定，产品研发工作正式结束。

产品生命周期管理期间，每一个阶段我们都得提前规划和小心谨慎，全力以赴的同时还得与时间赛跑，有很多产品会在产品发展的初期（即 DR0 产品规划决策评审否决或 DR1 计划决策评审否决）就夭折了，也有一些可能马上要发布了（即 DR2 发布决策评审否决）才喊停，原因有可能是客户喊停，或是错过了发布最佳时间点，竞争对手推出了更新、更好、更便宜的产品，或市场环境已经改变而原先的设计已不符实际需求。

我们都要知道产品生命周期内的资源投入是非常高昂的，不仅是金钱，还包括时间和人员等的投入，所以整个产品生命周期一定需要全面管理，不仅是时间计划，还包括质量、成本、项目团队等的管理。

3.3.1.3 产品生命周期研发质量管理评审点

产品生命周期研发质量管理评审点如图 3 - 1 所示。

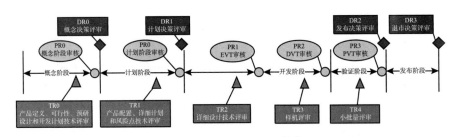

图 3 - 1 产品生命周期研发质量管理评审点

注：▲ 表示技术评审点（technical review, TR）。是开发流程中的重要里程碑节点，主要围绕产品设计开发实现的成熟度进行跨部门评估，可以有效地控制产品的技术风险，确保产品能最终满足产品设计开发目标要求。

● 表示阶段审核点（phase review, PR）。用以确认项目团队各阶段工作是否全部完成，决策是否可以进入下一个阶段。

◆ 表示决策评审点（decision review, DR）。用以确认产品设计是否符合规范要求，决策是否可以进入下一个阶段。

3.3.1.4　产品研发质量管理控制点

产品研发质量管理控制点如图 3 – 2 所示。

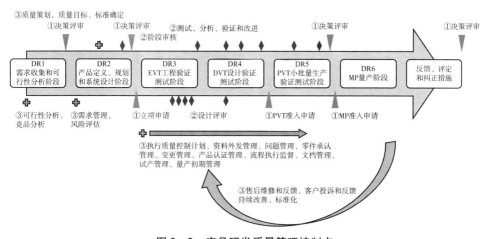

图 3 – 2　产品研发质量管理控制点

注：①为研发质量管理里程碑控制点。②为研发质量管理关键检查点。③为研发质量管理一般检查点。

3.3.2　产品研发质量管理工作内容

首先，对于一家设计公司来说，质量是其生命一点都不夸张，具备能够提供客户满意质量的产品是其最基本也是最重要的能力。

其次，通常具备一定规模的设计公司的客户多为知名品牌厂商，他们对合作伙伴提供的产品质量都会有严格的标准和要求，出现质量问题后的处罚也非常苛刻。因此，产品质量视为公司的生命，这句话并不是空话和口号，而是对每一个员工实实在在的工作标准和要求，设计公司总是在不断完善产品研发质量管理制度，对客户需求、产品系统与研发设计、产品测试、原材料承认与采购、新产品导入、生产制造管理、产品流转、供货保证、售后服务等环节进行精准质量把控。

还有，项目是通过项目团队去完成的，项目团队每个人由于其知识、技能、经验、责任心等不同，即使同个岗位，不同人之间的工作质量差异还是很大的，这就需要专业的质量人参与到产品开发全过程中去，通过质量策划、质量保证、质量控制和质量改进等手段，减少由于人员差异导致输出工作质量和产品质量的差异，保障最终交付给客户的产品符合其需求，达成客户满意目标。

如果设计公司不能持续有效地执行质量管理制度以保证对产品质量严格把控，一旦发生产品质量问题或批次性质量事故，将对公司市场声誉和经济效益造成严重损害，并有可能引发退货、索赔、仲裁、诉讼等一系列风险，进而对公司业务发展造成不利影响。

3.3.2.1 研发质量管理工作范围

要做好研发质量管理工作，你首先得知道自己工作的内容是什么，知道什么是自己的职责所在，知道工作标准是什么，工作流程是怎样的，通常产品研发质量管理工作范围，如图 3 - 3 所示。

图 3 - 3　产品研发质量管理工作范围

如果不确认，或者担心有疏漏，可以组织内部同行评审，让部门同事和领导一起帮忙审核，查遗补漏。

3.3.2.2 产品研发质量管理工作流程

清楚了产品研发质量管理工作范围，接下去要思考的就是按时间先后顺序串联起来，知道先做什么，后做什么，如图 3 - 4 所示。

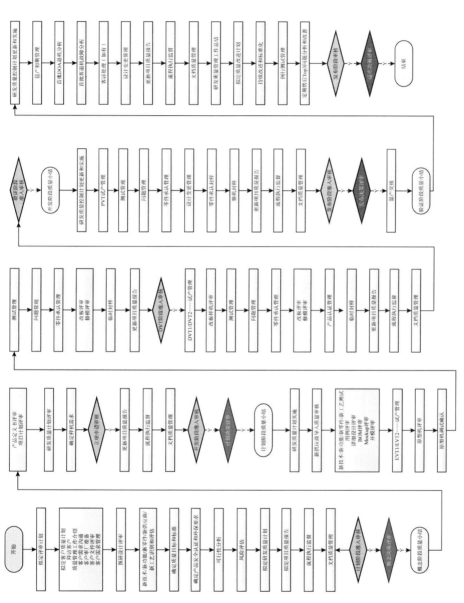

图3-4　产品研发质量管理工作流程

3.3.2.3 产品研发质量管理各阶段工作任务

做什么梳理清楚后，接下去要弄明白的是在什么时候做，以及为什么要做。

注意：有的工作需要每个阶段重复做，比如评审管理、阶段审核。有的工作需要全过程持续做，比如流程监督、零件承认，问题管理等。

产品研发质量管理各阶段工作任务如表3－1所示。

表3－1 产品研发质量管理各阶段工作任务

概念阶段	计划阶段	开发阶段	验证阶段	发布阶段
拟定评审管理计划	产品规格书评审	质量计划执行和更新	质量计划执行和更新	质量计划执行和更新
拟定客户质量计划	项目计划评审	新供应商导入质量审核	PVT试产管理	量产初期管理
拜访客户	研发质量计划评审	新功能、新工艺、新零件测试方案和测试用例评审	测试管理	首批DOA退机分析
质量管理工作介绍	确定样机需求	详细设计评审	问题管理	首批客退机故障分析
客户需求沟通	立项申请审核	BOM评审	零件承认管理	客诉处理（如有）
客户审厂准备	更新项目质量报告	Mockup评审	变更管理	设计变更管理
客户文件评审	流程执行监督	开模评审	零件承认封样	更新项目质量报告
客户需求管理	文档质量管理	EVT1/EVT2……试产管理	整机封样	流程执行监督
预研设计评审	开发阶段准入审核	原型机评审	更新项目质量报告	文档质量管理
新功能/新零件/新供应商/新工艺识别和评估	计划决策评审	原型机调试确认	流程执行监督	研发质量管理工作总结
确定质量目标和标准	计划阶段质量小结	测试管理	文档质量管理	拟定质量改进计划
确定产品安全认证和环保要求		问题管理	发布阶段准入审核	持续改进和标准化
可行性分析		零件承认管理	发布决策评审	例行测试管理
风险评估		改板评审	量产交接	定期售后Top3问题分析和改善
拟定研发质量计划		修模评审	验证阶段质量小结	发布阶段审核
拟定项目质量报告		临时封样		退市决策评审
流程执行监督		更新项目质量报告		
文档质量管理		DVT阶段准入审核		
计划阶段准入审核		DVT1/DVT2……试产管理		
概念决策评审		改板样机评审		
概念阶段质量小结		测试管理		

概念阶段	计划阶段	开发阶段	验证阶段	发布阶段
		问题管理		
		零件承认管理		
		改板评审		
		修模评审		
		产品认证管理		
		临时封样		
		更新项目质量报告		
		流程执行监督		
		文档质量管理		
		PVT 阶段准入审核		
		开发阶段质量小结		

产品研发质量管理各阶段工作任务说明如表 3 – 2 所示。

表 3 – 2　　　　　　产品研发质量管理各阶段工作任务说明

工作任务	为什么要做
概念阶段	
拟定评审管理计划	保证研发工作质量
评审管理	研发质量管理核心工作之一，保证评审工作质量，提升产品研发质量
拟定客户质量计划	更好地做好客户质量管理工作，确保客户需求得到有效管理，保证客户满意
拜访客户	体现合作诚意，双方接口人互相认识，建立情感和沟通渠道，可以更有效和高效沟通
质量管理工作介绍	宣传公司质量管理能力，获取客户质量信任
客户需求沟通	获取客户显性和隐性质量需求，减少和避免后续项目实施过程中不断提出各种需求变更
客户审厂准备	展现公司质量管理工作情况，保证能够一次通过客户质量审核，获取客户质量信任
客户文件评审	充分识别客户需求，保证项目团队知晓客户需求，和客户达成一致意见。双方合作，对于质量相关的需求，客户一般都会提供：质量协议、保密协议、售后协议、开发流程、检验标准、测试标准等文件
需求管理	研发质量管理核心工作之一，保证需求得到满足，让客户满意
预研设计评审	保证预研设计工作质量
新技术/新功能/新零件/新供应商/新工艺识别和评估	提前识别和评估，提前做好各项准备工作，保证产品研发质量和产品质量。因为是全新的，以前都没有涉及过，很容易出现问题和疏漏，所以在正式研发之前，就需要和项目团队一起提前思考和探讨，做好各项准备工作，避免做完之后一用再发现各种问题，再改、再换就麻烦了，而且时间、成本、质量都会受影响

续表

工作任务	为什么要做
确定质量目标和标准	为项目及项目团队工作设定质量目标和标准，为后续开展研发质量管理工作和产品质量符合性提供判定依据
确定产品认证要求	保证产品符合上市要求，提升用户产品认可度
可行性分析	保证客户需求和产品规划是可以实现的
风险评估	研发质量管理核心工作之一，提前识别项目风险，提出应对方案，做好预防工作，保证产品质量
拟定研发质量计划	研发质量管理核心工作之一，保证研发质量管理工作质量
拟定项目质量报告	汇总所有项目质量相关的信息，方便记录、查看、更新和汇报
流程执行监督	保证项目团队工作质量
文档质量管理	确保新产品相关文档受控，完成外来文档审查、评审和统一，确认文档命名是否符合文档命名规则、确认文档内容质量、确认文档归档版本是否正确、文档外发审核
计划阶段准入审核	研发质量管理核心工作之一，确保概念阶段工作符合质量要求，保证计划阶段工作能够顺利开始
概念决策评审	获取公司高层认可和支持，以及提出资源申请需求。 公司高层参与，质量人的工作是答疑解惑，回答领导提出的各类问题，给他们决策提供依据，确定项目是：终止，暂停，还是继续
概念阶段质量小结	回顾概念阶段研发质量管理工作实施情况，总结质量目标和要求达成情况，客户需求满足，项目风险是否发生，零件承认情况，流程执行情况，文件归档情况，项目质量问题情况，总结经验、教训、改善建议和提升研发质量管理能力。 复盘、归纳和总结这个阶段做了哪些工作，哪里做得很好，哪里做得不好，原因什么，质量管理体系相关的规范、流程、报表等有无需要改善的。 总结这个阶段学到了什么，研发质量管理工作有哪些经验可以保留下来，哪些教训需要吸取，哪些可以直接推广到公司其他项目团队
计划阶段	
项目计划评审	确认项目工作任务被充分识别，责任人明确，且认可项目计划的可行性
研发质量计划评审	质量宣传，确保项目团队知晓质量相关目标、标准和风险，以及客户质量要求
立项申请审核	审核立项申请工作完成情况，及文档资料是否符合质量要求
更新项目质量报告	研发质量管理日常工作，实时更新项目质量状态
流程执行监督	保证项目团队工作质量
文档质量管理	确保新产品相关文档受控，完成外来文档审查、评审和统一，确认文档命名是否符合文档命名规则、确认文档内容质量、确认文档归档版本是否正确、文档外发审核
开发阶段准入审核	确保计划阶段工作符合质量要求，保证开发阶段工作能够顺利开始
计划决策评审	获取公司高层认可和支持，以及提出资源申请需求。 公司高层参与，质量人的工作是答疑解惑，回答领导提出的各类问题，给他们决策提供依据，确定项目是：终止，暂停，还是继续

工作任务	为什么要做
计划阶段质量小结	回顾计划阶段研发质量管理工作实施情况，总结质量目标和要求达成情况，客户需求满足，流程执行情况，文件归档情况，项目质量问题情况，总结经验、教训、改善建议和提升研发质量管理能力。 复盘、归纳和总结这个阶段做了哪些工作，哪里做得很好，哪里做得不好，原因什么，质量管理体系相关的规范、流程、报表等有无需要改善的。 总结这个阶段学到了什么，研发质量管理工作有哪些经验可以保留下来，哪些教训需要吸取，哪些可以直接推广到公司其他项目团队
开发阶段	
质量计划执行和更新	计划指导行动，保证研发质量管理工作质量。 先计划再行动，有计划不行动就是一场空。 质量人执行和更新质量计划，不是等责任人做完了再去监督、确认，要有提前量，在项目计划开始前和责任人确认，提醒责任人这个任务的需求是什么，质量目标是什么，质量标准是什么，风险点是什么…… 按项目计划时间截止，确认责任人输出是否符合要求
新供应商导入质量审核	保证导入的供应商有持续稳定的能力提供符合公司质量要求的零件。 新供应商导入是一个持续性的工作，有可能是技术人员选型新零件产生，也有可能采购部导入备选供应商或备选零件产生
详细设计评审	保证设计工作和设计资料质量
新技术/新功能/新零件/新工艺测试方案和测试用例评审	提前做好测试准备，确保测试工作质量
BOM 评审	保证 BOM 质量
Mockup 评审	避免开模风险，提高开模质量。 Mockup 即实物模型，为避免开模后有问题，通常在正式开模前会先做 1 个或几个 Mockup，然后进行评审，看外观、结构设计哪里有问题，是否满足需求
开模评审	保证开模资料正确和开模质量
EVT1/EVT2……试产管理	保证 EVT 阶段试产工作顺利完成，保证试产工作质量
原型机评审	确认 EVT 工程验证阶段研发原型机外观、材质、配色、结构、功能、生产、装配等是否达成设计要求
原型机调试确认	确认原型机软件设计、硬件设计、结构设计、配色和器件选型等是否存在功能、性能等缺陷，是否符合产品规格书要求
测试管理	研发质量管理核心工作之一。确认测试工作安排是否符合规范和要求，保证测试工作质量。通过测试工作验证产品研发工作质量和产品质量。依据问题严重度分类和版本通过准则判断测试是否通过
问题管理	汇总产品研发过程所有问题，并对问题进行统一责任分配，跟进问题分析和处理，记录问题原因，确认问题验证关闭
改版评审	保证设计工作质量，确保设计修改后的质量，避免设计疏漏和频繁设计更改

续表

工作任务	为什么要做
修模评审	确认修模后产品是否解决了问题，符合设计要求和质量标准
零件承认管理	对设计选型新零件承认过程进行管理，保证选型新零件能够符合设计要求和质量标准
临时封样	为 DVT 试产零件采购、入库和入库检验提供依据，确保试产顺利进行
更新项目质量报告	确保项目质量状态是实时最新的
DVT 阶段准入审核	确保 EVT 阶段工作符合质量要求，保证 DVT 阶段工作能够顺利开始
DVT1/DVT2……试产管理	保证 DVT 阶段试产工作顺利完成，保证试产工作质量
改板样机评审	确认设计改板是否符合要求
测试管理	研发质量管理核心工作之一。确认测试工作安排是否符合规范和要求，保证测试工作质量。通过测试工作验证产品研发工作质量和产品质量。依据问题严重度分类和版本通过准则判断测试是否通过
问题管理	汇总产品研发过程所有问题，并对问题进行统一责任分配，跟进问题分析和处理，记录问题原因，确认问题验证关闭
零件承认管理	对设计选型新零件承认过程进行管理，保证选型新零件能够符合设计要求和质量标准
改版评审	保证设计工作质量，确保设计修改后的质量，避免设计疏漏和频繁设计更改
修模评审	确认修模后产品是否解决了问题，符合设计要求和质量标准
产品认证管理	确保认证工作能够顺利完成，取得认证证书
临时封样	为 PVT 试产零件采购、入库和入库检验提供依据，确保试产顺利进行
更新项目质量报告	确保项目质量状态是实时最新的
流程执行监督	保证项目团队工作质量
文档质量管理	确保新产品相关文档受控，完成外来文档审查、评审和统一，确认文档命名是否符合文档命名规则、确认文档内容质量、确认文档归档版本是否正确、文档外发审核
验证阶段准入审核	确保 DVT 阶段工作符合质量要求，保证验证阶段工作能够顺利开始
开发阶段质量小结	回顾开发阶段研发质量管理工作实施情况，总结质量目标和要求达成情况，客户需求满足，流程执行情况，文件归档情况，项目质量问题情况，总结经验、教训、改善建议和提升研发质量管理能力。 复盘、归纳和总结这个阶段做了哪些工作，哪里做得很好，哪里做得不好，原因什么，质量管理体系相关的规范、流程、报表等有无需要改善的。 总结这个阶段学到了什么，研发质量管理工作有哪些经验可以保留下来，哪些教训需要吸取，哪些可以直接推广到公司其他项目团队
验证阶段	
质量计划执行和更新	计划指导行动，保证研发质量管理工作质量

续表

工作任务	为什么要做
PVT 阶段试产管理	保证 PVT 阶段试产工作顺利完成，保证试产工作质量
改板样机评审	确认原型机存在的问题有没有关闭，改板样机是否符合客户需求和质量标准，有没有出现新问题
测试管理	研发质量管理核心工作之一。确认测试工作安排是否符合规范和要求，保证测试工作质量。通过测试工作验证产品研发工作质量和产品质量。依据问题严重度分类和版本通过准则判断测试是否通过
问题管理	实时更新问题管理表，跟进问题分析和处理，记录问题原因，确认问题验证关闭
零件承认管理	更新零件承认管理表，确认前期新零件问题有无关闭，记录当前阶段新零件来料、试产和测试问题，保证设计选型新零件能够符合设计要求和质量标准
变更管理	研发质量管理核心工作之一。保证设计变更工作质量和产品质量
零件承认封样	完成零件承认工作
整机封样	客户验收通过
更新项目质量报告	确保项目质量状态是实时最新的
流程执行监督	保证项目团队工作遵守并符合质量管理体系规范、流程、操作指导等要求
文档质量管理	确保新产品相关文档受控，完成外来文档审查、评审和统一，确认文档命名
发布阶段准入审核	确保验证阶段工作符合质量要求，保证发布阶段工作能够顺利开始
发布决策评审	研发工作已经完成，整机客户已经验收，公司领导决策是否能够量产发布
量产交接	和工厂生产、工程、测试、质量人进行工作交接，确保其能够顺利承接新产品大批量生产工作
验证阶段质量小结	回顾验证阶段研发质量管理工作实施情况，总结质量目标和要求达成情况，客户需求满足，流程执行情况，文件归档情况，项目质量问题情况，总结经验、教训、改善建议和提升研发质量管理能力。 复盘、归纳和总结这个阶段做了哪些工作，哪里做得很好，哪里做得不好，原因什么，质量管理体系相关的规范、流程、报表等有无需要改善的。 总结这个阶段学到了什么，研发质量管理工作有哪些经验可以保留下来，哪些教训需要吸取，哪些可以直接推广到公司其他项目团队
发布阶段	
质量计划执行和更新	计划指导行动，保证研发质量管理工作质量
量产初期管理	保证首次大批量生产能够在最短时间内完成产能爬坡和质量稳定
首批 DOA 退机分析	分析问题发生原因，给出解决方案，保证后续批量生产产品质量
首批客退机故障分析	分析产品早期失效原因，给出解决方案，保证后续批量生产产品质量
客诉处理（如有）	对客户问题反馈做出积极响应，避免客户进一步向上投诉，降低问题影响范围，减少损失
设计变更管理	保证设计变更工作质量和产品质量

续表

工作任务	为什么要做
更新项目质量报告	确保项目质量状态是实时最新的
流程执行监督	保证项目团队工作遵守并符合质量管理体系规范、流程、操作指导等要求
文档质量管理	确保新产品相关文档受控，完成外来文档审查、评审和统一，确认文档命名
研发质量管理工作总结	对整个产品研发质量管理过程进行复盘、归纳和总结，将经验转化成能力，提升研发质量管理水平
拟定质量改进计划	将总结需要改善的内容形成改进工作任务，确定责任人和起止时间，形成质量改进计划
持续改进和标准化	实施改进计划。落实成标准化文件，改善后续产品研发工作
定期售后 Top3 问题分析和改善	了解产品在终端用户那里使用的情况和问题，确认问题原因，并改善
例行测试管理	定期监控量产产品质量一致性和稳定性情况
退市决策评审	产品生命周期即将结束，公司领导决策是否退市

3.4　开展跨业务部门实习

　　研发质量管理新人通常还会安排到公司各部门去实习，这就不单纯是理论知识学习。理论学习其实有一个很大的缺陷，那就是理解不够深刻，很难内化成自己的技能，时间一长很容易就忘记，学习最有效的方式就是带着问题去学。

　　通过在跨业务部门 3~5 天的实习，和他们一起工作一段时间，可以熟悉人员，建立友谊，同时参与到实习部门日常工作、会议等，近身观摩或参与实习部门实际工作，体验不同部门人员工作内容，了解实习部门工作职责、工作流程和工作内容，学习和了解各实习部门负责人为保证部门工作质量而设定的关键质量控制点。

3.4.1　质量中心

　　在公司里面，质量中心通常包含图 3-5 中各个职能模块。

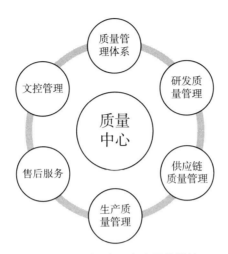

图 3 - 5　质量中心各个职能模块

从图 3 - 5 你会发现，研发质量管理在质量中心中只是一个板块而已，并非质量管理工作的全部，然而，在实际研发质量管理过程中，你却会发现你的工作涉及质量中心所有部门的工作内容，为了做好研发质量管理工作，需要你到质量中心其他部门进行实习。

（1）在质量管理体系部门实习，需要学习的内容包括：

➤ 核心是学习质量管理体系对于我们研发质量管理工作的好处有哪些，它是如何运作的，运行过程中常见的问题有哪些，有没有优化方案和建议；

➤ 熟悉人员，为以后工作配合建立感情基础；

➤ 了解质量管理体系部门工作职责、工作规范和工作流程；

➤ 宣导研发质量管理部门需要质量管理体系部门配合的工作有哪些，目前存在哪些问题，共同探讨如何做才能更好；

➤ 了解质量管理体系部门希望我们部门配合的工作有哪些，他们的要求是怎样的？

➤ 学习和了解部门负责人为保证部门工作成果的质量而设定的关键质量控制点有哪些；

➤ 了解公司产品相关质量管理体系有哪些，以及为什么要做这些认证；

➤ 了解质量管理体系的作用是什么，是如何运作的；

➤ 了解如何评价公司质量管理体系运行情况；

➤ 学习如何去评价和审核一家公司质量管理体系管理水平；

➢ 学习如何更新完善质量管理体系；

➢ 参加部门例会，部门内训。

（2）在供应链质量管理部门实习，需要学习的内容包括：

➢ 熟悉人员；

➢ 了解供应链质量管理部门工作职责、工作规范和工作流程；

➢ 宣导研发质量管理部门需要供应链质量管理部门配合的工作有哪些，目前存在哪些问题，共同探讨如何做才能更好；

➢ 了解质量管理体系部门希望我们部门配合的工作有哪些，他们的要求是怎样的？

➢ 学习和了解部门负责人为保证部门工作成果的质量而设定的关键质量控制点有哪些；

➢ 学习如何管理供应商质量；

➢ 学习导入新供应商；

➢ 学习如何审核供应商；

➢ 学习如何考核供应商；

➢ 参加部门例会，部门内训。

（3）在生产质量管理部门实习，需要学习的内容包括：

➢ 熟悉人员；

➢ 了解生产质量管理部门工作职责、工作规范和工作流程；

➢ 宣导研发质量管理部门需要生产质量管理部门配合的工作有哪些，目前存在哪些问题，共同探讨如何做才能更好；

➢ 了解生产质量管理部门希望我们部门配合的工作有哪些，他们的要求是怎样的？

➢ 学习和了解部门负责人为保证部门工作成果的质量而设定的关键质量控制点有哪些；

➢ 学习如何管理来料质量；

➢ 学习如何管理生产质量；

➢ 学习客户是如何验收产品质量的；

➢ 参加部门例会，部门内训。

（4）在售后部门实习，需要学习的内容包括：

➢ 熟悉人员；

➤ 了解售后部门工作职责、工作规范和工作流程；

➤ 宣导研发质量管理部门需要售后部门配合的工作有哪些，目前存在哪些问题，共同探讨如何做才能更好；

➤ 了解售后部门希望我们部门配合的工作有哪些，他们的要求是怎样的？

➤ 学习和了解部门负责人为保证部门工作成果的质量而设定的关键质量控制点有哪些；

➤ 了解售后工作过程中遇到最多的产品问题有哪些，用户咨询最多的问题有哪些；

➤ 了解公司不同产品 top5 问题是什么，问题原因是什么；

➤ 了解客户投诉最多的问题是什么，哪家客户经常投诉；

➤ 了解售后维修过程最多报废的原材料是哪些；

➤ 学习研发质量管理如何和售后部门合作，对产品问题分析改善形成闭环；

➤ 参加部门例会，部门内训。

（5）在文控部门实习，需要学习的内容包括：

➤ 熟悉人员；

➤ 了解文控部门工作职责、工作规范和工作流程；

➤ 宣导研发质量管理部门需要文控部门配合的工作有哪些，目前存在哪些问题，共同探讨如何做才能更好；

➤ 了解文控部门希望我们部门配合的工作有哪些，他们的要求是怎样的？

➤ 学习和了解部门负责人为保证部门工作成果的质量而设定的关键质量控制点有哪些；

➤ 学习文控部门是如何管理公司文档的，各部门是如何归档和提取文档，以及如何申请外发文档；

➤ 了解除了公司内部文档，外部哪几类文档需要归档

➤ 参加部门例会，部门内训。

3.4.2　测试中心

在公司里，测试中心通常包含图 3 - 6 中各个职能模块。

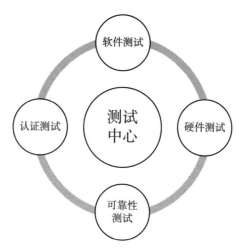

图3-6 测试中心各个职能模块

（1）在软件测试部门实习，需要学习的内容包括：

➢ 核心是要学习如何定义、判定和区分软件测试问题等级的，要保证产品软件设计质量，研发质量该如何设定软件版本通过标准；

➢ 熟悉人员；

➢ 了解软件测试部门工作职责、工作规范和工作流程；

➢ 宣导研发质量管理部门需要软件测试部门配合的工作有哪些，目前存在哪些问题，共同探讨如何做才能更好；

➢ 了解软件测试部门希望我们部门配合的工作有哪些，他们的要求是怎样的？

➢ 学习和了解部门负责人为保证部门工作成果的质量而设定的关键质量控制点有哪些；

➢ 实际参与软件测试工作，学习了解软件测试工作包括哪几部分，了解产品软件特性，了解软件问题现象是怎样的，对产品本身和产品软件问题有感性认识；

➢ 参与问题分析会议，了解不同软件问题是如何判定严重等级的，以及问题产生的原因，了解研发是如何解决的，回归测试验证措施有效性；

➢ 思考未来其他产品研发质量管理有没有预防措施可以提前导入避免问题再次发生；

➢ 参加部门例会，部门内训。

（2）在硬件测试部门实习，需要学习的内容包括：

➢ 核心是要学习如何定义、判定和区分硬件测试问题等级的，要保证产品硬件设计质量，研发质量该如何设定硬件版本通过标准；

➢ 熟悉人员；

➢ 了解硬件测试部门工作职责、工作规范和工作流程；

➢ 宣导研发质量管理部门需要硬件测试部门配合的工作有哪些，目前存在哪些问题，共同探讨如何做才能更好；

➢ 了解硬件测试部门希望我们部门配合的工作有哪些，他们的要求是怎样的？

➢ 学习和了解部门负责人为保证部门工作成果的质量而设定的关键质量控制点有哪些；

➢ 实际参与硬件测试工作，学习了解硬件测试工作包括哪几部分，了解产品硬件特性，了解硬件问题现象是怎样的，对产品本身和产品硬件问题有感性认识；

➢ 参与问题分析会议，了解不同硬件问题是如何判定严重等级的，以及问题产生的原因，了解研发是如何解决的，回归测试验证措施有效性；

➢ 思考未来其他产品研发质量管理有没有预防措施可以提前导入避免问题再次发生；

➢ 参加部门例会，部门内训。

（3）在可靠性测试部门实习，需要学习的内容包括：

➢ 核心是要学习如何定义、判定和区分可靠性测试问题等级的，要保证产品可靠性设计质量，研发质量该如何设定可靠性测试通过标准；

➢ 熟悉人员；

➢ 了解可靠性测试部门工作职责、工作规范和工作流程；

➢ 宣导研发质量管理部门需要可靠性测试部门配合的工作有哪些，目前存在哪些问题，共同探讨如何做才能更好；

➢ 了解可靠性测试部门希望我们部门配合的工作有哪些，他们的要求是怎样的？

➢ 学习和了解部门负责人为保证部门工作成果的质量而设定的关键质量控制点有哪些；

➢ 实际参与可靠性测试工作，学习了解可靠性测试工作包括哪几部分，了解产品可靠性特性，了解可靠性问题现象是怎样的，对产品本身和产品可靠性问题有感性认识；

➢ 参与问题分析会议，了解不同可靠性问题是如何判定严重等级的，以及问题产生的原因，了解研发是如何解决的，回归测试验证措施有效性；

➢ 思考未来其他产品研发质量管理有没有预防措施可以提前导入避免问题再次发生；

➢ 参加部门例会，部门内训。

（4）在认证测试部门实习，需要学习的内容包括：

➢ 核心是要学习不同国家、不同产品强制认证有哪些，推荐认证有哪些，获得这些认证需要的样机数、认证费用和认证周期分别是多少；

➢ 熟悉人员；

➢ 了解认证测试部门工作职责、工作规范和工作流程；

➢ 宣导研发质量管理部门需要认证测试部门配合的工作有哪些，目前存在哪些问题，共同探讨如何做才能更好；

➢ 了解认证测试部门希望我们部门配合的工作有哪些，他们的要求是怎样的；

➢ 学习和了解部门负责人为保证部门工作成果的质量而设定的关键质量控制点有哪些；

➢ 实际参与认证测试工作，学习了解认证测试工作包括哪几部分，对产品认证问题有感性认识；

➢ 参与问题分析会议，了解不同认证问题是如何判定严重等级的，以及问题产生的原因，了解研发是如何解决的，回归测试验证措施有效性；

➢ 思考未来其他产品研发质量管理有没有预防措施可以提前导入避免问题再次发生；

➢ 参加部门例会，部门内训。

3.4.3 产品部

在产品部门实习，需要学习的内容包括：

➢ 核心是要学习产品知识，以及产品经理是如何策划新产品的，要懂你要管理的产品，否则是做不好研发质量管理的，知己知彼是根本；

➤ 熟悉人员；

➤ 了解产品部门工作职责、工作规范和工作流程；

➤ 宣导研发质量管理部门需要产品部门配合的工作有哪些，目前存在哪些问题，共同探讨如何做才能更好；

➤ 了解产品部门希望我们部门配合的工作有哪些，他们的要求是怎样的？

➤ 学习和了解部门负责人为保证部门工作成果的质量而设定的关键质量控制点有哪些；

➤ 学习公司产品配置，了解不同配置之间的差异有哪些，核心配置、核心器件是哪些，要想做好产品质量，该如何策划质量控制点；

➤ 了解产品部门是如何判断市场趋势，如何贴近客户，以及如何竞品分析，才能策划出市场、客户和用户所需产品的，以及如何规划产品路线图。

➤ 学习产品部门是如何进行产品生命周期管理的；

➤ 参加部门例会，部门内训。

3.4.4　项目部

在项目部门实习，需要学习的内容包括：

➤ 核心是要学习产品研发各部门要做哪些工作，了解完成这些工作需要多少时间，项目经理是如何管理项目的；

➤ 熟悉人员；

➤ 了解项目部门工作职责、工作规范和工作流程；

➤ 宣导研发质量管理部门需要项目部门配合的工作有哪些，目前存在哪些问题，共同探讨如何做才能更好；

➤ 了解项目部门希望我们部门配合的工作有哪些，他们的要求是怎样的？

➤ 学习和了解部门负责人为保证部门工作成果的质量而设定的关键质量控制点有哪些；

➤ 了解项目部是如何确定各部门工作任务和工作周期的；

➤ 了解项目部门是如何进行项目计划管理的；

➤ 学习项目部门是如何进行项目风险管理的；

➤ 参加部门例会，部门内训。

3.4.5　研发中心

在公司里，研发中心通常包含图 3 – 7 中各个职能模块。

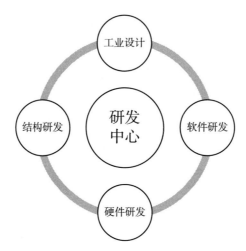

图 3 – 7　研发中心各个职能模块

在研发中心实习，需要学习的内容包括：

➢　核心是要学习各研发部门的设计工作是如何一步步从构想变成现实的，部门内部是如何保证设计人员的工作质量和输出的设计资料质量；

➢　熟悉人员；

➢　了解研发中心各部门工作职责、工作规范和工作流程；

➢　宣导研发质量管理部门需要研发中心各部门配合的工作有哪些，目前存在哪些问题，共同探讨如何做才能更好；

➢　了解研发中心各部门希望我们部门配合的工作有哪些，他们的要求是怎样的；

➢　学习和了解部门负责人为保证部门工作成果的质量而设定的关键质量控制点有哪些；

➢　参与研发中心各部门内部同行评审会议，了解研发中心各部门人员是如何做设计资料的自检、自测和同行评审的；

➢　向他们请教和学习研发质量管理部门要做什么、怎么做才能更好地帮助他们一起做好研发质量管理工作；

> ➤ 参加部门例会，部门内训。

3.4.6　工程部

在工程部门实习，需要学习的内容包括：

> ➤ 核心是要学习如何将新产品从研发导入生产的，是如何保证新产品的转产质量和提高新产品生产效率的；

> ➤ 熟悉人员；

> ➤ 了解工程部门工作职责、工作规范和工作流程；

> ➤ 宣导研发质量管理部门需要工程部门配合的工作有哪些，目前存在哪些问题，共同探讨如何做才能更好；

> ➤ 了解工程部门希望我们部门配合的工作有哪些，他们的要求是怎样的？

> ➤ 学习和了解部门负责人为保证部门工作成果的质量而设定的关键质量控制点有哪些；

> ➤ 了解工程部门是如何准备和保障新产品试产工作的，了解他们是如何进行新产品导入量产的，了解他们是如何设计工装夹具、设计生产流程和设计各工位操作指导书的，了解他们如何提升生产产能和生产效率的；

> ➤ 学习工程人员是如何维护、保养工装夹具、生产设备的；

> ➤ 了解生产过程经常出现的问题有哪些，学习工程人员是如何分析、解决生产问题的；

> ➤ 参加部门例会，部门内训。

3.4.7　生产部

在生产部门实习，需要学习的内容包括：

> ➤ 核心是学习新产品在工厂是如何从一颗颗零件→半成品→成品→出货的，以及了解 DFx 相关知识。

> ➤ 熟悉人员；

> ➤ 了解生产部门工作职责、工作规范和工作流程；

> ➤ 宣导研发质量管理部门需要生产部门配合的工作有哪些，目前存在哪些

问题，共同探讨如何做才能更好；

> 了解生产部门希望我们部门配合的工作有哪些，他们的要求是怎样的？

> 学习和了解部门负责人为保证部门工作成果的质量而设定的关键质量控制点有哪些；

> 了解生产部门是如何培训生产人员的；

> 参加部门例会，部门内训。

3.5　升级研发质量管理认知

我们做研发质量管理工作，需要和各式各样的客户、供应商、领导和同事等进行交流和合作，也需要处理各种各样的工作和问题，你能不能把这些关系和事情处理好，你能不能比同样做研发质量管理工作的同事做得更好，和你个人认知水平高低是最直接相关的。

什么是认知？

认知就是你对于一件事情的看法，以及指导你未来决策和行动的能力。

如果你的认知不够，就像是井底的青蛙，你永远看不到完整的天空，就像是在幽暗中行走，你永远没有光明在前面指路。你要想能够学好做好研发质量管理工作，就需要提升自己在研发质量管理工作相关的认知水平，当你的研发质量管理认知水平提高以后，你就会像站在山顶俯瞰山下，就拥有了任意角度和全局的视野，这时候你再去处理事情，分析和解决问题，就会变得非常高效，不会再是朝菌不知晦朔，蟪蛄不知春秋，那些斤斤计较，目光短浅，执着于自己偏执理念和观念不能自拔的人，常常就是因为认知水平不够导致的。

3.5.1　三个故事：一棵树、鸟睡觉和扁鹊三兄弟

第1个故事：一棵树

公园里，我指着一棵结满果实的树："说说你的感受。"

"这不就是一棵树吗？"

"还有吗？"

"这是一棵苹果树，树上结满了苹果。"

"还有吗?"

"没有了。"

"我给一点提示，如果你是一个植物学家，你会怎么看这棵树?"

"如果我是一个植物学家，我首先想到的就是这是棵苹果树，是落叶乔木，属蔷薇科，通常树木可高至 15 米，栽培树木一般只高 3~5 米。分布在我国辽宁、河北、山西、山东、陕西等地。"

"如果你是一个木匠呢?"

"如果我是一个木匠，我就会想苹果树木材可以用来做小型家具，其硬度适中、颜色暗红、木质细腻，但易开裂变形且新鲜木材容易生虫，需要阴干两年以上测试开裂情况后才能制作;还可以用来做工艺品的雕刻。"

"如果你是一个画家呢?"

"如果我是一个画家，我就会想这棵树形状很好看，与周围的环境完美融合在了一起，苹果丰收了，鸟儿围绕着欢快地飞翔，我应该用画笔把这美好画下来。"

"如果你是一个园艺师?"

"如果你是一个摄影师?"

"……"

"有没有得到什么启发?"

"同样一个事物，由于专业、学识、经历、经验、阅历、心境、立场等的不同，眼中看到的即使是同一棵树，但心里想到的却会是完全不一样的内容。"

"对了，这个故事告诉你，以后在工作中，如果团队出现异议，不要觉得这是一个问题，更不要抱怨，你要很清楚出现不同意见才是正常的，我们要做的就是在一个团队中，每个人发挥各自专长，求同存异，团队之间多沟通，达成目标的一致，共同努力去实现，而不是都把自己的观点强加给别人，让别人按照自己的意愿去做。"

这是关于认识的概念，认识分为内容和形式。

认识的内容是客观的，认识的形式是主观的。

就像"一棵树"，它的形状、颜色、种类……这些是客观的，是认识的内容。而它好不好看、有没有什么用是我们主观层面的，是认识的形式。

未来，在学习和工作中，你要有意识地去建立自己认识事物的坐标系。

只有你有了自己认识事物的坐标系了，将来面对问题时，你才会批判性地去思考问题，而不是人云亦云，抑或者压根没有自己的想法。

你要学会从不同角度去看问题，会换位思考，会听不同人的意见，会接纳不同，会尝试不同，只有这样，你才能更加全面地认清事物，做出更符合实际、更准确的判断和决策。

第2个故事：鸟睡觉

在生活中，你一定看到过这样的场景：一只鸟站在树枝上睡觉。

"说说你的感受。"

"我看到过，心中一直有个疑惑，树枝看起来很细，还有点干枯，会不会很脆，鸟儿站在上面随风晃动，感觉随时都有断掉摔落的风险，但是看鸟一副神情自若，好像完全不自知的样子，真奇怪，为什么不选一根粗一点的树枝，或者安全一点的地方去睡觉呢？"

"为什么鸟敢在枯萎细树枝上睡觉，它不怕吗？"

"我觉得根本原因是因为鸟知道自己会飞，所以才不怕的。"

"说得没错，有什么启发吗？"

"鸟之所以敢在枯萎的树枝上睡着，不是因为它相信树枝不会折断，而是它有会飞翔的翅膀，鸟知道自己的安全感不是树枝给的，而是自己给自己的。"

"对了。"

石油大王洛克菲勒曾说过："若是将我的钱全部拿走，将我扔在沙漠中，只要有一行骆驼，我就能重建王朝。"

"这就是一个人掌握并具备核心竞争力的重要性，无论身处怎样恶劣的环境，都无法将其打倒。"

要记住，不要觉得自己一毕业就能够进入大公司，就盲目乐观，自以为自己已经有多了不起，在实际工作中眼高手低，不再学习和努力了，有这样想法是很危险的，一定不能有。

大公司确实给你提供了一个很好的平台，一个很高的起点，也确实公司越大抗风险能力越强，但是未来会怎样，谁也无法预测，公司不可能养你一辈子，你是否具备核心竞争力才是真正决定你未来能飞多高的翅膀，靠谁也不如靠自己，有什么也比不上自己有，安全感不是大公司给你的，安全感是靠自己真正的核心竞争力赢得的，在机会还没有来临之前，在你翅膀还没有长硬之时，你要学会高筑墙、广积粮、缓称王。

机会常常是给有准备的人的，做一个有备而来的人，机会来临时你有能力紧紧抓住。只有当你自己拥有随时可以自由飞翔的翅膀后，任何时候，你才不会害怕重新开始。

天行健，君子以自强不息；地势坤，君子以厚德载物。

第3个故事：扁鹊三兄弟

《鹖冠子·世贤第十六》记载：魏文王曾求教于名医扁鹊："你们家兄弟三人，都精于医术，谁是医术最好的呢？"扁鹊："大哥最好，二哥差些，我是三人中最差的一个。"

魏王不解地说："请你介绍得详细些。"

扁鹊解释说："大哥治病，是在病情发作之前，那时候病人自己还不觉得有病，但大哥就下药铲除了病根，使他的医术难以被人认可，所以没有名气，只是在我们家中被推崇备至。

我的二哥治病，是在病初起之时，症状尚不十分明显，病人也没有觉得痛苦，二哥就能药到病除，使乡里人都认为二哥只是治小病很灵。

我治病，都是在病情十分严重之时，病人痛苦万分，病人家属心急如焚。此时，他们看到我在经脉上穿刺，用针放血，或在患处敷以毒药以毒攻毒，或动大手术直指病灶，使重病人病情得到缓解或很快治愈，所以我名闻天下。"

魏王大悟。

"说说看，听了这个故事你有什么感受？"

"治未病。平时注重观察和管理，防微杜渐，防患于未然。"

上医医未病之病，中医医欲起之病，下医医已病之病。

我们这个专业，就得有这样的认知，把研发质量管理工作做在最前面，预防问题的发生，而不是想当然地认为只要把不良品通过测试和检查去发现并截留下来，不把不合格品发给客户，自己的工作就已经做到位了。

这种想法完全是错误的，要知道判断质量管理工作好坏的标准是：最优成本。

问题发生后再去处理，这时候不良品已经产生，损失就已经不可避免，我不鼓励用"医已病之病"的方式管理研发质量。

3.5.2　研发质量管理注意：不要做什么，要做什么

我们学习如何做好研发质量管理，先要学在研发质量管理过程中"不要做什么"，这比"要做什么"更重要。

（1）不要工作和职业分不清，要专注于自己的职业。

工作是一种谋生手段，公司给了我们一份工作，我们付出自己的时间去完成工作任务，公司付给我们工资和奖金，就两清了。

职业是我们的专业，是我们一辈子要从事的事业，比如我们是质量人，提高自己对质量工作的认识和质量管理的技能，做好质量工作，成为质量管理领域的专家，这是职业。

虽然工作不分贵贱，但是如果你抱着追求一份稳定的工作这样一个目标，你就会在职业道路上走向歧路，这是非常错误的认知。

（2）不要事前不作为，事后"诸葛亮"，要做好"预防"工作。

在产品研发过程中，经常会遇到各种各样的问题，这是很正常的现象，我们作为质量人，一定记得要把事情做在前面，做好预防工作，不要事前不作为，等问题发生以后，就把自己当作警察和裁判，把自己的责任撇得干干净净，对别人却各种指责和追责，这种事后"诸葛亮"的行为是非常要不得的。

做好"预防"工作，是我们做好研发质量管理工作的底层逻辑。

举例：

项目立项前，引导客户明确需求，召集项目团队一起评审，将客户需求转换为设计、零件、测试、生产等要求，和客户完成需求统一，而不是事前不作为，当客户拿到开发样机时发现不是他们想要的时候，此时再提出变更需求或要求，就会直接打乱项目计划，造成项目延期，成本增加，客户不满。表面上看，这是客户提出的变更需求，和我们质量人没什么关系，责任不在于我们，领导问起来，我们完全可以把责任推给客户，但是这样做又有什么意义呢？损失已经产生了，既然我们是团队，我们就要一起协同作战，项目按时、保质、成本可控范围内完成，获取客户满意才是我们共同追求的目标。

（3）不要教条主义，也不要经验主义，要知行合一。

一个优秀的质量人，既要有扎实的质量管理专业理论功底，也要有很多的实践经验和教训。

不懂理论，工作就会是盲目性、片面性，专业理论知识可以让我们更加看清事物发展的全局，指导我们实践，这就是知和行的关系。

质量管理专业理论知识需要通过持续不断的学习才能获取，然而光有理论是不行的，理解不会深刻，还需要结合产品研发质量管理实践，持续不断进行复盘、调整、归纳和总结，慢慢形成自己的专业知识框架和专业技能，不论项目成功与否，你都要能够学到东西，提升自己的核心竞争力，否则就很悲哀。

经验通过亲身参与项目实际研发质量管理实践，在工作过程中获得，需要时间来积累，经验可以是成功的，也可以是失败的。

失败的经验就是教训，是要付出很大代价的，代价就是来自失败的项目，这个代价可以是自己亲身经历的，也可以是参考别人的，举一反三，触类旁通。

（4）不要不计"成本"追求"质量"。

实际研发质量管理工作中，困扰我们很多质量人的一件事情就是感觉自己的工作总是不被别人理解和重视。

我们总以为自己的出发点没有错，做得更没错，我们质量人就是要追求高标准的质量，不达标准绝不放行，就是要追求零缺陷，不能放过任何问题。

当别人和我们沟通时，我们要坚持原则，不能讲情面，没有任何通融和商量的余地，给人的感觉就是质量人太死板，总是在阻碍项目的推进。

然而，很多时候的实际情况却是：领导一句话，或者项目经理跑了个特批流程，问题就"顺利"进入下一个阶段了。

项目走下去后，事情并没有失控，也没有造成多大影响，这样的事情重复多次以后，大家就会对我们研发质量管理工作产生怀疑，觉得我们没什么用，还总是拖项目的后腿。

也有一部分实力雄厚、财大气粗的公司，在产品质量上狠下功夫，采用最先进的生产工艺、采用价格最昂贵的设备、采用自动化的控制系统、采用全世界质量最好的原辅料，这当然无可厚非，有钱任性！

但是，任何事情都要适可而止，凡事都要追求一个最优的性价比。

我们做质量，都是基于公司实际情况、客户使用场景、质量风险和现有的技术手段，我们当然鼓励追求完美质量，但是绝不是不计"成本"盲目地、无谓地提高质量标准。

（5）不要离开了"质量"去追求所谓的"低成本"。

这样做如同无源之水无本之木，无异于"飞蛾扑火"，自取灭亡！

我们绝大多数人都有买过广电或电信运营商套餐，通常运营商都会免费送你手机、电视机、机顶盒、网关、路由器之类的硬件产品，这在我们消费者眼中是很受欢迎的，免费的东西谁不要，其他商家看到这种模式的成功，为了快速发展自己的新业务，占据市场主导地位，也会纷纷效仿这种商业模式，久而久之，你会发现消费者已经开始慢慢不喜欢这种模式了，这是为什么呢？

因为消费者在实际使用过程中发现，免费送的硬件产品体验不好，有的甚至很差，和自己从市场上采购的同类产品质量完全不在一个水平线上，免费送的只能说能用，和好用完全不搭边，这样的产品受冷落、被淘汰是迟早的事。

（6）不要把所有问题都命名为"质量问题"。

这样的场景你"熟悉"吗？

产品出问题了，老板会第一时间把质量负责人叫过去先"骂一顿"，然后要求他尽快查明问题原因，把问题解决掉。

这时候，我们质量负责人就会觉得特别委屈，明明不是我们的问题，结果我们背了黑锅，还得帮别人收拾烂摊子，冤！

实际上，在我看来，这个锅其实质量人背得一点都不冤，问题根源就出在我们自己身上，自己挖过的坑，流着泪也得自己去填。

为什么会出现这种现象？

问题根本原因源自我们自己的一个"坏习惯"，在公司中，很多人，包括一些领导，都有这样一种"潜意识"，就是公司经营过程中只要出现什么问题，不论问题原因是什么，是谁造成的，都给它们一个"统一名称"：质量问题。

出现这种情况时，我们很多质量人没有在第一时间提出反对或异议，久而久之，大家也就默认了这个"称呼"，这样就造成了一个很坏的结果：任何时候，只要出现"质量问题"，给所有人造成的印象就是，这是"质量部"的问题，或者就是质量部没有管理好导致出现的问题，不明就里的人就会觉得"质量部"的人做得太差，能力不行。

要怎么解决？

要求所有质量人必须做到一件事情：不要把问题命名为"质量问题"。

要把问题命名细化，实事求是，是什么问题就是什么问题，是谁的问题就是谁的问题，比如零件问题、硬件问题、结构问题、软件问题、外观问题、生产问题……

质量人负责问题汇总，带领项目团队一起进行问题分析，寻找问题根源，问题责任人负责提出解决方案，然后进行问题验证和测试，确保问题得到有效关闭，接着质量人思考如何把问题闭环，规避未来发生类似问题。比如公司相关标准、流程、作业指导书、检查表等文件是否需要更新，项目团队是否需要宣导和培训等。

（7）不要只让质量人承担产品质量的重任。

质量不是测试出来的。

质量不是生产出来的。

质量不是检验出来的。

这几句看似陈词滥调的话却包含着深刻的道理。

承担产品质量的责任从来就不应该是质量人一方的职责，不论你是公司一把手、管理人员、技术人员、测试人员、生产人员，或者外部的客户、零件供应商等，每个人都是质量的第一责任人，各自承担起自己的质量职责，第一次就把事情做对，以零缺陷标准要求自己，质量，人人有责。

（8）遇到异常现象，不要随意下判断乱扣帽子，要用事实和数据说话。

在产品研发过程中，通过质量检查，发现产品问题，或流程问题是很正常的，这时候，我们质量人通常的做法就会直接发邮件或找到问题的责任人，告诉他哪里有问题，并要求马上整改。

如果你所在公司非常正规，并且在项目立项前就已经明确了项目质量目标、流程、标准、规范等，并且已经和项目团队完成项目任务书的签字确认，这样的做法问题不大。

但是，绝大多数公司不具备完善的研发质量管理系统，质量管理体系也不够接地气，这时候很容易出现这样一个现象，质量人认为这是谁谁谁的问题，并威胁说要怎样怎样处罚，此时甚至问题状况还没有搞清楚，原因更是无从谈起。

一旦出现这种情境，不论真正责任人是谁，都会在第一时间不认可，各种遮掩和推脱，或者干脆把水搅浑，否认这是问题，并且还会要求你给出证据证明他们哪里有错，双方很容易产生矛盾。

特别是没有标准，标准不清楚，需求不明确，或需求没有确认过的异常现象，更加不能随意下判断：这是个问题。或随意乱扣帽子：这是谁谁谁的问题。

这个时候就要求我们质量人遇到异常现象下判断前要谨慎，不要听谁说是啥就是啥，尽可能出现问题时第一时间去到现场，看现物，重现问题，搜集并记录问题现象、数据信息和重现步骤，确定判定标准、流程和要求是怎样的。

然后明确告知项目团队，我们的目标是：大家共同协助，第一时间解决问题、减少问题损失和降低问题影响范围，而不是去追究谁谁谁的责任，去处罚谁谁谁。然后组织大家一起确认和分析问题，找到问题根本原因，给出解决方案并验证有效性，跟踪措施导入直到问题关闭。

问题解决了，就水落石出了，该是谁的责任就是谁的责任，无可辩驳。

3.5.3 研发质量管理的核心竞争力：能够持续产出有价值的结果

我们一旦选定了职业方向，最重要的一件事就是要先思考清楚：这份职业的核心竞争力是什么？

只有想明白了这个问题，在未来的工作过程中，你的心中才会有了明灯，知道什么事情是最重要的，什么事情是可以放弃的，通过持续高质量地完成各项最重要的任务不断去积累和提升自己的核心竞争力，而不是傻傻分不清事情的轻重缓急，眉毛胡子一把抓，自以为多表现自己，积极一点，以"忙""加班多"为荣。

那么我们研发质量管理的核心竞争力又是什么呢？

✧　名校毕业？

✧　在世界 500 强组织工作过？

✧　有很多年行业经验？

✧　拥有六西格玛黑带证书？

✧　拥有质量管理体系审核员资质？

✧　拥有一堆质量相关培训证书？

✧　懂各种质量管理工具？

✧　老员工，忠诚度高，非常有经验？

✧　工作兢兢业业，经常主动加班？

……

我的回答：都不是。

那什么才是我们质量人的核心竞争力呢？

我的答案：能够持续产出有价值的结果。

在任何组织中，不论你是什么岗位，什么职级，在老板眼中，判断一个员工有没有核心竞争力，标准只有一个：看你的结果，能不能持续产出有价值的结果。

大白话就是你能不能为公司赚钱？

所以，很显然，我们研发质量管理专业的核心竞争力就已经很明确了，就是要能够为公司"创造价值""创造价值""创造价值"，重要的事情说三遍。

明白了这个目标，那么未来在工作中，我们最重要的工作都要围绕这一点，在能创造价值的事情上分配更多时间和精力，其他事情能放弃就放弃，能分配出去就分配出去，而不是整天被一些毫无价值的事情缠绕，占据自己太多时间，表面上自我感觉一天忙到晚，很是充实和满足，最后却发现自己收获寥寥。

创造价值，什么样的事情创造了价值？可能对相同岗位，不同职级的人是不一样的，会不会还是有点虚，太难把握了。

给你两个维度参考。

维度一，工作结果符合老板预期。

你需要先了解清楚老板为什么要设立研发质量管理岗位？

答案：因缺有需。

为什么？

缺少什么，追求什么，你不缺的，你就没有需求的意识；你缺少的，你就有需求的欲望。

老板设立研发质量管理岗位，就是因为"缺"，那老板缺什么呢？

◇　客户需求需要管理；

◇　产品研发过程需要规范化和标准化，需要流程化提高效率，也会存在很多不确定性和风险点，需要研发质量管理专业人员进行管理；

◇　产品研发过程会出现各式各样的问题，老板要知道"为什么"，所以需要用到具备专长和经验的员工来回答和解决问题；

◇　客户审厂需要；

◇　客户对产品质量有需求，为确保产品研发符合客户＆设计要求，需要研发质量管理专业人员来提供保证；

◇　老板有证明自己产品和服务质量的需求；

◇　市场竞争对产品质量和成本有需求，研发即导入质量管理可以最大限度减少解决质量问题的成本，提高研发产品质量；

◇　竞争对手公司就有这个岗位；

……

所以，当你能够想清楚自己能带给老板什么价值时，当你的输出匹配和满足了老板的需求和预期时，你就有了价值，在老板眼里你就做好了研发质量管理工作。

维度二，能够给自己背书。

举例：

假如你准备跳槽了，你想想看，你在这家公司做过的哪些事情、哪些项目是可以写进简历的？

你需要明白一点，在跳槽面试过程中，公司愿意录用你，并不是因为你是名校毕业、你有各类证书就行了，这些对于应届毕业生可能是有用的，对于跳槽面试，你最重要的是要告诉面试官，对于新工作岗位你可以带来什么样的价值，说没用，怎么证明才是关键，只有你在上家公司真正做过，而且做成过，你才能写清楚和说清楚，然后再辅助名校毕业、各类证书，你就更能说服面试官，获取高薪。

不要轻信网上告诉你的，老板都是什么慈善家，有责任的企业家，会对员工负责的，只要你努力工作，积极主动，对公司忠诚……老板就会把你们当家人对待，如果你真的相信了这些话，以为做到这些你就有了自己的"核心竞争力"，并成为你炫耀的资本，我可以很肯定地告诉你，你会输得很惨，一旦公司遭遇困难要裁员，也许你不是第一批被裁的人，但你一定也是被裁的目标之一。

为什么？

因为当遭遇降低成本的压力时，老板的选择只有一个：人效比。

留下能"赚钱"的人，只要不能赚钱，不论你是谁，你跟了他多少年，你处于什么岗位，你是什么职级，都没用。

也许你会说，这也太为难我们质量人了吧，我们自己也一直把自己放在支撑部门这个位置上，认可我们不会直接创造价值，现在你却告诉我们要努力为公司、为老板去"赚钱"才是质量人真正要去做的"对的事情"，没想明白。

也许正因为很多质量人都是这么想的，所以我们很多同行就放下了为公司"创造价值"这盏明灯，主动放弃建立自己的"核心竞争力"，自欺欺人地认为：不是我不想创造价值，是老板这么设置的，不需要我去创造价值，我只要做好支撑服务工作就好了，能不能赚钱，赚多少钱和我没关系。

这种现象在我们质量管理这个领域中不少见，工作做得好应该的，做得不好就背锅，这也导致了很多公司一遇到裁员，质量人就首当其冲，因为在平时工作中，就没有在老板面前努力去展现自己能够"创造价值"的那一面，才会让老板觉得质量人可有可无，悲哀。

对于我们研发质量管理岗位，怎么做在老板眼里才是"创造价值"的？

在回答这个问题之前，我希望大家要厘清一个概念：

什么是价值？

价值就是给"需求方"想要的，或者能够解决"需求方"的问题，并让他满意。

价值就是对方认为正确的事。

在公司中，你的"价值"就是能够提供给老板/公司想要的工作结果，满足他们的需求，做他们认为正确的事。

所以，作为一个员工，你最需要了解清楚的是：老板为什么要设立你这个岗位（即需求方对你这个岗位的要求是什么）？你如何保证自己的工作质量，并能确保输出给需求方他们想要的结果，让他们满意。

什么是创造价值？

创造价值就是你能不能满足老板的需求，能不能做到他们认为正确的事。

因此，创造价值不是只有"赚钱"这华山一条路，还可以是：

◇　满足需求，获得更多客户认可；

◇　提升公司品牌价值；

◇　公司经营活动稳定运行；

◇　节约成本；

◇　减少变更；

◇　降低风险；

◇　预防问题发生；

◇　快速有效解决问题；

◇　避免问题影响进一步扩大；

……

看到上面这些以后，不知道你的思路有没有被打开了？这里面任何一项，我们质量人都可以有很多工作可以去做，大家可以依据自身情况和公司实际情况，选择突破点，深入进去，做扎实了，你就能为公司创造价值了。

再和大家强调一下，无论我们做什么事情，记住：最先要做的最重要的一件事情就是对要做的这件事情有正确的理解。这样我们才能清楚知道自己在做什么，是不是在"做对的事情"，接下去考虑的才是"怎么把事情做对"。否则在错误的道路上，越努力越窘迫，得到的结果也毫无意义。

无论是公司，还是老板，在任何经营活动中都希望能够用"最低成本"去创造"最高价值",这是亘古不变的。

我们心中一定要有这根弦,有了这样的思想,未来遇到问题要决策,遇到岔路要选择时,想想怎么做更有价值,能为公司/客户创造更多价值,你就不会再纠结了,久而久之,你个人价值同样会水涨船高,具备别人无可撼动的"核心竞争力"。

3.5.4 研发质量管理的底层逻辑:预防问题

宁可十防九空,也要设法让预防措施走在问题发生前面,这是我们做好研发质量管理的底层逻辑。

解决问题最容易和最经济的时机——在问题发生之前,即预防问题发生。

风险意识本质上是一种"底线思维",只要我们一开始就准确识别了风险,知道即使风险真的发生了,损失也在我们能接受的底线之上,那么即使风险无法消除,对我们也不会造成太大的影响,这样的风险就是可控的。

我做事喜欢提前做好准备,未雨绸缪,凡事都留有余地,通常的思路就是"先做最坏的打算,然后往最好的方向努力",最坏的打算就是底线思维,就是兜底,因为大不了就是最差的结果,如果最坏的结果我都能接受,我就已经做好了心理准备,我都已经想好了行动方案,那么做事的时候我就能放开手脚,而不会有太大的心理压力,更不会瞻前顾后,犹犹豫豫,担心这个担心那个,我有自信经过我的努力大概率会得到好得多的结果。

所以我们做事之前,对事情先要有全面的了解,要有风险意识,做之前做好风险防范,如果你不敢做最坏的打算,承受不了风险发生后的结果,那就坚决不要做,否则按照墨菲定律,你大概率会失败的。

未来工作中,要时刻谨记,把防范风险作为最重要的"习惯"去养成,作为质量人,提前识别"风险",做好"预防"措施是非常重要的一个理念,我们很多人做不好质量管理工作,很关键的一个原因就是没有建立正确的"风险意识",你要知道风险意识是比专业技能还重要的生存技能,虽说各种质量文化、质量管理体系、质量工具、数据统计分析技能也是很重要的,但是和防范风险相比较,这些体系、工具和数据分析的目的和作用都是把质量管理工作做得更好,减少问题的发生。而风险意识是在问题还没发生之前就提前考虑到,然后为之提前做好预防措施,去消除、转移和降低风险。

举例：

汶川地震桑枣中学叶志平校长事件，地震前发现教学楼存在质量风险，提前进行加固，每学期都搞地震紧急疏散模拟演练，地震发生后，全校 2300 名师生按照平时的训练秩序，用练熟了的方式进行了安全疏散，无一人伤亡，学校外的房子百分之百受损，学校里的八栋教学楼部分坍塌，全部成为危楼，他提前修理的实验教学楼，没有塌。

在投资界，关于风险意识，查理·芒格说过这样一句话：如果知道我会死在哪里，那我将永远不去那个地方。

这就是非常典型的风险意识，我们做任何事，风险是无处不在的，要想过好这一生，就得具备强烈的"风险意识"，做事之前不是先想到能得到些什么，而要思考的是做这件事有没有风险，会有什么样的风险，我如果提前做准备，该怎么做可以消除、降低或转移这些风险，只有做好了预防措施和应对方案，你才能开始去实施，否则仅凭一股闯劲，即使成功了 99 次又如何，不怕一万，就怕万一，可能一次失败就会万劫不复，特别是未来如果你做了管理者，做了领导，首要一点就是先考虑"什么不能做"，而不是"什么都要去试试"。

风险评估完成，如果风险确实无法消除，我就得假设，如果这些预防措施都做完了，风险还是不可避免地发生了，这个损失我是不是能够承受得起，如果答案是否定的，那么，我就得把风险和问题写成报告向上汇报，看看我的领导和老板是否有解决方案，或者能够承受风险，给出决策，而不是抱侥幸心理，赌小概率事件不会发生。

预防问题发生的前置条件是：潜在问题分析。

这意味着我们必须着眼未来，在开始前先进行潜在问题分析，在问题发生以前把它找出来。

事前预防比事后救火更有效，更能掌握主动。但需要参与人员具备丰富的经验、专业知识和灵感，能够预判某件事情未来可能出错，以及会造成什么样的损失。

这样做的目的并不是强调做任何事要去追求完美，要去追求实施方案、计划能够完全不出差错，真这么做了，成本可能远远超过收益，没有多大意义。我们预防问题发生真实的目的是要将未来的不确定性降低至可以管理的程度，并且避免某些事情的发生。

什么是"预防问题"?

即我们能够预见在某种状况下，将可能发生什么问题，通过已知数据、信息的分析，依据因果规律，提前导入预防措施来避免未来可能发生的不利结果。

怎么做"预防问题"?

（1）使用研发质量管理工具：潜在失效模式及影响分析（failure mode and effects analysis，FMEA），包含设计潜在失效模式及影响分析（design failure mode and effects analysis，DFMEA）和过程潜在失效模式及影响分析（process failure mode and effects analysis，PFMEA）两部分内容；

（2）从两个维度思考：产品实现过程和相关的 5M1E［人（man）、机器（machine）、材料（material）、方法（method）、测量（measurement）、环境（environment）］；

（3）回答两个问题：有什么地方可能会出问题？我现在能做些什么来避免它？

（4）从严重度 S（1~10 分），频度 O（1~10 分）和探测度 D（1~10 分）三个维度对风险大小进行量化，然后对所有风险进行排序；

（5）要求项目团队所有成员做一份《潜在问题分析报告》，内容包括但不限于：潜在出现问题的风险点、影响范围、量化的行动优先级 AP、可导入的预防措施和备选应变行动方案。

也许有的技术人员会说："不要庸人自扰了，事情都没做呢，想那么多累不累，况且我是专业的，我对自己的工作能力有信心。"这句话的意思相当明显，我不想写，让潜在问题自己来找我好了，这种消极守势是不可取的。

如果你能以"潜在问题分析"方法审视未来，你便是在采取攻势。很有可能确实想多了，因为这一方法用处的大小只能视事情的结果而定。只有在事后，我们才能知道花在《潜在问题分析报告》上时间的价值，也许什么潜在风险和问题都没有发生，虚惊一场，也许真的可能会发生了已经预估到的问题，但因为有分析，导入了预防措施后问题不再发生了，也许预防措施也无效，问题还是发生了，但因为已经准备了应对行动方案，将风险影响范围控制住了，没有造成很大损失，也许还发生了问题，但经过分析，此问题在早期潜在问题分析时已经预见到，风险很小，无须采取措施，可以承受。

3.5.5　研发质量管理最重要的能力：解决问题

我们很多质量人总是解决不好问题，有的人认为是他们经验太少了，有的人认为是他们不够专业，有的人认为是公司领导不重视质量，有的人认为是项目团队质量意识太差……

为什么解决不好问题？

我想对大家说的是，根本原因不是经验少，也不是不专业，更不是领导不重视质量和项目团队质量意识差，是思想方法不对。

是思想方法有问题，我们之所以解决不好问题，都是由于不了解实际情况就匆忙下判断，主观与客观相脱离，主观对客观事物认识上有偏差。

我们要知道凡是错误的结果都是由行动的错误造成的，而行动的错误是从认识的错误来的。认识支配行动，行动是认识的结果。

有时候我们在处理问题过程中犯错误，也不是对实际情况一点都不了解，只是了解的情况是片面的，而不是全面的，误把局部当成了全面。要知道片面的情况不是真正的实际，也就是说，它并不合乎实际。

我们要从思考"错误到底是从哪里来？"到认识到错误源自"主观对客观事物认识上有偏差"，再到将犯错误的原因聚焦到"误把局部当成了全面"，少犯错误的难点在避免认识上的"片面性"。所以要从实际出发，实事求是做好调查研究才是正确解决问题的"基本思想"。

这就是不管遇到什么问题，一切从实际出发，实事求是地分析、研究和处理问题，这是最靠得住的。收集完问题信息后，大家还要进行充分交流和探讨，互相交换看法和意见，先确定真正要解决的问题是什么？

因为很多人描述问题常常是含混难以理解的，这种描述问题的方式往往是假定其他人拥有和他自己一样的知识结构和信息量，而实际上，项目团队中每个人专业各不相同，经验不相同，立场不相同，获取信息也不相同，所以各自看问题的立场、角度、广度和深度一定不同，这就导致每个人看到的问题都是片面的，这种含混不清的问题不但无法解决，而且还会产生极大的沟通困扰，所以，必须通过充分交流和互相交换意见，找到真正要解决的问题。

一个专业的质量人需要具备敏锐的问题发现、问题定义、问题分析和方案决策能力，才能很好地去解决问题。

发现许多新手在碰到质量问题时，根本就不知道如何思考问题，如何下手去搜集信息、定义问题、分析和解决问题，这个好像学校还真的不会教学生如何处理问题的，回想我自己以前似乎也是这么一路糟糟懂懂地摸索过来，那碰到问题时到底该如何着手思考、分析和处理问题呢？

思考、分析和处理问题是综合艺术，想要能够正确解决问题，首先要学点哲学思想。

这里用的哲学思想：全局观、调查研究和实事求是。

思考问题的要领：全局观，一要时间上纵览，看到发展变化；二要空间上俯视，看见内外联系。

分析问题的要领：一切从实际出发（杜绝乱猜），充分做好调查研究，针对问题现象开展调查研究（第一时间到现场掌握数据和信息，复现问题），抓住主要矛盾（关键人、关键事和真正问题），然后具体情况具体分析（把握事物特点和发展规律）。

处理问题的要领：实事求是，不同质的矛盾，用不同质的方法去解决。

很多时候，我们没有很好地解决问题，是由于主观对客观事物认识上有偏差，不了解清楚实际情况，或者了解的情况是片面的，不是全面的，误把局部当成了全局，就匆忙地决定对策，主观与客观相脱离。要想解决好问题，就需要应用系统思维分析事物的本质和内在联系，从整体上把握事物发展规律，坚持以发展的、辩证的、全面的、系统的、普遍联系的观点思考、分析和处理该问题，坚决防止用静止的、片面的、零散的、单一孤立的方法去思考、分析和处理问题，这是马克思主义对我们工作提出的基本要求，也是马克思主义哲学提供给我们的科学思想方法、工作方法和领导方法。

通常来说，当你遇到一个问题后，要先做调查研究，在第一时间到现场去，收集问题第一手信息，掌握问题发生的前因后果，并能够复现问题，然后组织相关人员开会讨论，在给出临时解决方案之前，还要看一看，这个决定和客观情况是否相符，这个决定不是局部的而是全面的，得到肯定结论后再导入实施，避免问题影响范围继续扩大。

接着追溯问题背景，准确定义问题，找到真正问题，分类问题，然后推进问题分析，拆分出根本原因、直接原因和导火索，从中找到问题发生的根本原因，并且能够在约束时限内，通过自身或借助外力，找到具备一定成熟度的解决方案，而且能够对解决方案的效果进行试验验证，确保问题得到有效控制或解决，决策并监督解决方案被正确导入，同时可以举一反三，能够预测问题及趋势，主动性地发现同类型项目的风险和潜在问题，组织相关部门共同研究和解决，形成闭环管理。

3.5.5.1　解决问题的思想方法

（1）选择用什么态度去处理问题？

不论是在日常生活或工作场所里，我们经常会碰到一些大大小小的问题，当问题来临时，你会选择用什么态度去处理这些问题呢？

➢　选择面对并想办法来解决。

➢　先抱怨一下，然后不情不愿地处理。

➢　选择逃避，走一步算一步。

如果从一个客观的角度来看这，我觉得选择面对并解决问题应该是最好的方法。

抱怨和逃避真的不能解决问题。如果你不能接受眼前的问题，并好好地处理它，该来的总是会来，只是时间早晚而已。

你不愿意做这个事情，但是你把它做好了，这就是你的能力。

（2）要真正解决问题，先问自己，真正的问题究竟是什么？

我们大多数人在面对问题时，总是还没想清楚"真正的问题究竟是什么"，就急忙动手去处理、去解决。然而，像这样一味求快、忙得团团转的结果，往往都是白辛苦一场，最后不得不掉转回头去重新审视真正的问题究竟是什么。

我们想告诉你，遇到问题时，先不要着急，慢一点动手，因为有一件事比急着动手更重要——先判断：这个问题重要吗，什么才是真正的问题？

我们一定要先思考，一个问题，彻底想明白了，就解决了一半。把问题想明白，其实是最难的，找到真正的问题，把问题定义清楚，想清楚后再动手，在解决问题这条路上，方向对了，慢就是快。

（3）认识问题，要透过现象抓住本质

就像电影《教父》里那一句经典台词："花半秒钟就看透事物本质的人，和花一辈子都看不清事物本质的人，注定是截然不同的命运。"

举例：

我们做研发质量管理，经常需要与问题打交道，观察问题现象、分析和找到问题本质才能真正有效解决问题。

那么问题来了，什么是现象，什么是本质，怎样才能透过现象抓住本质？

什么是现象？

现象是本质的表现形式，是通过经验和感官感知可以认识到的客观事物外部的特性和表面特征，是客观事物外在的，比较活动易变的方面。

通俗来说就是一件事物，它呈现给我们，让我们眼睛看到，内心中感受到的样子。

现象里包括真相和假象。

举例：

产品测试，发现不能正常开机了，这就是一种现象。

什么是本质？

本质是决定客观事物具有各种表现的根据，只有靠人的理性思维才能把握的客观事物的内在联系，是客观事物内在的相对稳定的方面。

通俗说就是各种现象变化的根底里比较不变的东西。

举例：

手机显示屏出现：黑屏、花屏、亮线、暗线、亮点、暗点，这些都是显示屏故障的现象，本质就是显示屏模组坏了。

就本质来说，本质是要借着种种的现象，才能够把它自己表现出来的。

就现象来说，现象也绝不是在本质之外能够凭空地发生的。

现象的本身，是本质的表现，所以它的内部也包含着本质的要素，世界上没有任何本质能够不由种种现象的表现，而自己直接存在的。

现象和本质，就是这样对立统一着。

举例：

供方 M 想入围 K 公司的招标项目，供方 M 做了一系列动作：安排销售人员去拜访 K 公司相关人员；邀请 K 公司相关人员到公司审核；提供样品供 K 公司测试和试用……

现象是供方 M 做的这一系列动作，本质是为了能够入围 K 公司招标项目。

本质必须要借着现象才能表现，因此，我们在世界上直接所看见的，只是各种的现象，本质并不是很容易地就让我们发现，事物的本质既不容易发现，因此我们生活在世界上，如果不肯细心，就要常常受现象的欺骗。

前面已经说过，现象和本质并不是直接一致的，现象和本质有对立，有统一，现象世界里常包含着种种的假象，这假象，使我们乍看起来好像完全和本质相反。因此，我们对于一切事物不要只看见一些现象就轻易下判断，我们应该抓住它的本质。

怎样透过现象抓住本质呢？

①认识活动的直接目的就是透过现象把握本质。

②现象是认识事物的本质的向导。不要以为本质是可以在现象以外去找得到的东西，本质是在现象中表现的，所以我们要抓住本质，必须从纷繁复杂的现象入手，仔细地观察现象、研究现象，透过现象发现本质。

举例：

二郎神追孙悟空，诸葛亮的空城计等。

③要辩证去看，不要把各种现象孤立起来观察，而要研究各种现象的联系，因为本质是借着各种现象来表现的，每种现象只表现本质的一方面，不能完全表现本质。要抓住完全的本质，必须把各种现象的总体联系起来研究。

举例：

朋友之间患难见真情，你好的时候是很难分辨身边哪些朋友是真心的，当你落难时仍然一如既往和你好的人才是真朋友。

④通过现象认识本质，是一个不断发展的过程。不是可以马上认识的，一定要对于现象的发展有了深入的研究，才可以达到目的，由现象的观察到本质的发现，这是一个从量变到质变的过程，即对于现象的观察研究的不断增加的过程。对于现象的观察研究得越多，我们所能看到的本质就越深刻。

举例：

男女之间谈朋友，男生经常给你买早饭，接送上下班，如果女生就被感动到了，非他不嫁，很有可能是被这些现象迷惑了，男生的本质到底如何，需要时间和其他行为量的增加，观察研究越多，就越能看到男生的本质。

（4）分析和解决问题，要正确把握因果关系

什么是因果关系？

一种现象引起另一种现象，或者一个过程引发另一个过程，这种引起和被引起的关系就是因果关系。

引起一定现象的现象是原因。被引起的现象就是结果。

要说清楚因果关系，我们要先讲一下逻辑关系。

因果关系是逻辑关系，但逻辑关系不一定是因果关系。

什么是逻辑关系？

A 有可能推导出 B，但受到时间，空间等条件变化限制，并不具有必然的联系，而什么是因果关系，A 必然能推导出 B。

举例：

努力和成功之间是什么关系？努力了有可能成功，但努力了一定能成功吗？我想不一定吧。努力和成功之间就只有逻辑关系，而不具备必然的因果关系。

春暖花开，秋天叶落。这是自然规律，是因果关系。

从两者的区别我们就可以看出，逻辑关系是我们分析问题的工具和参考，帮助我们梳理思维，发现因果关系，但并不等于因果关系，他是我们行动时的参考，但不是我们行动中的依据，因为逻辑关系并不能推导出问题的本质，因果关系才可以。

在认识层面，我们了解的是逻辑关系，而在行动中，指引我们的却是因果关系，这也是有些人容易陷入纸上谈兵，知行不能合一的关键根源。

我们去分析问题，就需要先从逻辑关系入手，找到问题发生的所有原因和条件。再通过经验和验证去筛选，找到导致问题发生的根本原因和条件，即因果关系。最后通过消除原因和改变条件，才能真正解决问题。

原因和条件？原因和条件？原因和条件？

出现一种结果，必定是有其原因的，但是原因有可能会有很多，有了这个原因，不一定出现同样结果的。

要想正确把握因果关系，我建议你先重新去回顾学习一下数学上的"充分必要条件"。

什么是充分条件？

如果条件 x_1 是结论 Y 的充分条件：条件 x_1 与其他可能存在的条件是并联关系，即 x_1、x_2、x_3……中任意一个存在都可以使得 Y 成立（x_1 就像是个人英雄主义），如图 3-8 所示。

举例：

现在家庭入户门使用指纹锁已经很普遍了，每个家庭成员的指纹各不相同，分别为 x_1、x_2、x_3，…，都可以用来打开门 Y。

即家庭成员的指纹 x_1，x_2，x_3，…，是打开门 Y 的充分条件。

什么是必要条件？

条件 x_1 是结论 Y 的必要条件：条件 x_1 与其他条件是串联关系，即条件 x_1 必须存在，且条件 x_2、x_3，…，也全部存在才可能导致结论 Y（团结的力量）。

如图 3 − 9 所示。

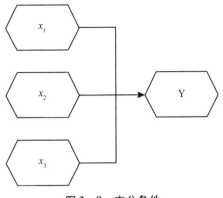

图 3 − 8　充分条件

图 3 − 9　必要条件

举例：

保险柜不知道大家有没有接触过，没关系，电视电影中应该也都看到过，一般打开保险柜至少有 2 个条件：密码 x_1 和钥匙 x_2。有的高级一点的保险柜除了密码 x_1 和钥匙 x_2，还会要求有指纹 x_3。如果你只有密码或钥匙，保险柜是打不开的，只有所有条件都满足了，才能打开保险箱 Y。

即密码 x_1 和钥匙 x_2 是打开保险箱 Y 的必要条件。

其实因果关系和充分必要条件中的"条件结论"说的是一样的东西。

3.5.5.2　遇到简单问题

其实前辈们已经帮我们整理归纳了许多种分析解决问题的方法和工具了，比如 PDCA、8D 报告、新旧 QC 七大手法、QCC、5Why、5W2H 和 DMAIC 等技巧。简单的问题，我们只要依照其方法与步骤，一步一步跟着做下来大概就可以解决了。

3.5.5.3　遇到一般问题

一般问题，不仅需要使用正确的思想方法，还需要能够正确使用质量工具，再需要借助思维模型，才能有效解决。

举例：

客户向你的领导投诉，你负责的项目在客户验收过程中发现问题，已经反馈给你们公司3天了，问题还没有解决，这时领导把你叫到他办公室。

这种情况在公司内是很常见的，如何正确处理好这样的事情，你需要提前思考，遇到这种情境时，领导会怎么和你对话，把这个过程模拟出来，建立一个"与领导对话处理客诉的思维模型"，如图3-10所示。

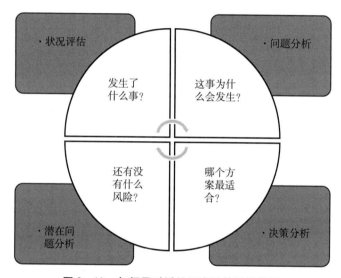

图3-10　与领导对话处理客诉的思维模型

领导：发生了什么事？

状况评估，使用事实和数据说话。

建议你的答复内容：把评估状况用简单几句话概括说清楚。通常可以使用数据、表格、图表等形式，使纷繁复杂的状况可以一目了然，并且能够被管理。这时候不需要你讲一大堆前因后果，也不需要找任何理由去规避责任，先把问题讲清楚，建议描述问题时间不超过1分钟。

这里要特别强调，问题定义一定要能够把问题用自己能理解的话说明白，为什么？

反问：如果你对问题都不理解，都不能讲明白问题是什么，怎么证明你能让你的领导听懂，让他信任把问题交给你，你就能够真正解决问题？

领导：这事为什么会发生？

使用问题分析法。

建议你的答复内容：如果已经找到问题根源，直接说结论。如果问题产生的根源还没有准确定位，你绝不能说不知道，这种情况下，你首先要说明给客户什么"临时措施"，防止问题进一步扩大，缩小影响范围。接下去你使用"因果"逻辑思维模型把问题分析过程用简单几句话说清楚，把可能性罗列出来，并说明现在排查的进度和责任人，给出目标完成时间。

领导：哪个方案最适合？

使用决策分析法。

建议你的答复内容：说清楚目标是什么，告诉领导最佳的行动路线，并补充说明最初有哪几种可供选择的解决方案，以及各自对于解决问题而言，能有多大把握，并对这些解决方案存在的风险加以评估，哪一个方案最安全，且最有效。

领导：还有没有什么风险？

使用潜在问题分析法。

建议你的答复内容：展望未来，考虑到行动后的各种可能后果，以及已准备好的与之相对应的各种应对预防措施和备选方案，规避风险的发生，保障目标的达成。

上面案例领导提出的四个问题，就是我们质量人同样需要掌握的一种处理问题的思维模型（见图 3 - 10）。

你需要把这个思维模型牢牢记在心中，并能够熟练掌握，把它们内化成研发质量管理过程中处理解决领导关心的客诉问题的一种工作模式，未来不论向领导汇报工作，还是自己写报告，都能要用到的。

在实际工作中，类似的场景还会有很多，比如：

◇　向客户介绍"研发质量管理"工作；

◇　收集和引导客户提出质量需求；

◇　客户审厂准备工作；

◇　向领导和客户汇报产品研发质量状况；

……

以上这些在我们研发质量管理过程中都是经常会遇到的，你都可以提前准备好相应的"思维模型"，未来遇到类似情况，直接拿来使用，填入相应内容，这会让别人觉得你逻辑清晰，非常专业。

3.5.5.4 遇到复杂问题

复杂问题，一般就不是靠个人能力能够解决的，需要借助别人的支持，或者依靠团队共同合作，如果让你来主导问题的解决，你会如何思考，如何计划，如何带领团队按计划去实施，就变得非常重要了。

可以毫不夸张地说，矛盾的法则是用来解决复杂问题的简单法则，领悟了毛泽东的矛盾的法则，就相当于获得了将复杂问题化繁为简的密码。

复杂问题的解决实际上是一个认识矛盾、分析矛盾、解决矛盾的过程。只有找到问题产生的内因，抓住主要矛盾和矛盾的主要方面，并对症下药，才能真正解决问题。

举例：

客户招标，公司参与投标没有能够入围，公司领导让你主导，下次再招标必须入围，怎么解决？

这是个复杂问题，投标失败，各种原因都有可能，对于复杂问题的研究和解决，我们使用矛盾的法则：认识矛盾第一位，分析矛盾第二位，最后才是解决矛盾。

第1步：认识矛盾。

投标失败，公司领导必然会要求分析失败的原因，可能包括：

➢ 公司资质有缺陷；

➢ 商务没做好，和评标人员沟通不够；

➢ 标书没有写好；

➢ 客户对我们了解不够；

➢ 竞争对手太强；

➢ 报价高了；

➢ 平台选型错误，或产品配置问题，没有完全匹配客户需求；

➢ 技术能力差，产品验收没通过，或得分太低；

……

这么多矛盾，哪些是事实，哪些是观点，哪些是主要矛盾，哪些是次要矛盾，我们要能分清楚。

这个过程要用到辩证法的思维，就是要我们用联系的、发展的和全面地看问题，杜绝孤立的、静止的和片面的看问题。

怎么理解，我把形而上学的方法介绍一下，对比来看你就理解了，形而上学的方法就是不去分析事物的各个对立方面，而只注意某一方面，不去揭露矛盾，而要掩盖矛盾。

举例：

中国有句老话，叫作"兼听则明，偏听则暗"。

所谓兼听，就是说在研究问题的时候，必须设法把正反两方面的意见都打听清楚；所谓偏听，就是说只听一方面的意见。兼听则明，就是说听了对立的意见，然后合起来思考，才能明白认识事物的真相；所谓偏听则暗，就是说如果只听一方面的意见，就会糊里糊涂，对事物认识不清。

第 2 步：分析矛盾。

在分析矛盾时，要注意具体情况具体分析，分析矛盾所处的具体环境，矛盾双方的状况，矛盾在发展过程中的表现。在众多矛盾中找出客户为什么不选择我们的主要矛盾，分清在主要矛盾中居于支配地位的矛盾的主要方面，分析矛盾的性质，然后根据矛盾性质的不同，采取不同的解决方法。

抓住了主要矛盾和矛盾的主要方面，一切问题就迎刃而解了，接下去就可以想办法解决矛盾了。

客户选择了别人，没有选择我们，很多人很自然就会从自身原因找起，认为是我们商务没做好，我们产品不行，我们价格高了……然后计划一个个都要去解决，期待下次投标能够中标。

这样做对不对？

对，又不对。

对，是因为这些确实要去改进，要想中标，首先自己准备好，不犯错，立于不败之地，再找机会战而胜之。

不对，是因为没有找到主要矛盾是什么，眉毛胡子一把抓，看起来自己什么都去改进了，自以为比竞争对手做得更好了，太主观了，难道竞争对手会在原地等待吗？他们同样也会持续向前，我们什么都做了，又好像什么都没做。

那没有中标的主要矛盾是什么呢？

答案：我们没能比过竞争对手。

归根结底，客户招标是刚需，必须要选择一家入围，没有选择我们，不是因为客户不喜欢我们，或不认可我们的产品，或我们的报价高了，这些都是事后的原因。

评标能够入围,最根本的原则就是:比较,在确保自己不犯错的前提下,胜过竞争对手。

所以,要想中标,必须从解决主要矛盾开始入手,怎么做?

瞄准主要矛盾,致力于解决主要矛盾,从两方面着手:

◇ 要让客户觉得我们是最好的;

◇ 在竞标时,要比竞争对手做得更好。

第3步:解决矛盾。

解决复杂问题的关键在于具体情况具体分析,说到底就是按照矛盾的不同性质,采取不同的方法去解决各种不同的矛盾。这为我们解决复杂问题指明了方向,要求我们根据招标客户要求和竞争对手的不同的情况采取不同的措施,切忌不加了解,一概而论。

要想成功招标并入围,你需要成立投标项目团队,拟定计划,通常需完成的工作包括:

开标前:

◇ 公司高层拜访客户,获取客户高层认可和支持。

◇ 销售主导维系日常客情关系,和客户相关人员进行充分沟通,了解客户需求,拿到技术需求文档。

◇ 评估需求可行性,内部立项完成产品开发,并取得客户验收通过。

◇ 持续保持跟进,了解客户招标计划和进度,引导客户,避免标书资格审查设定特殊门槛导致公司出现资质问题而无法参与投标。

◇ 拿到客户招标决策链人员信息,提前进行沟通交流,一方面增进相互了解,另一方面了解他们的需求和期望,必须做到没有人反对我们。

◇ 拿到评标人员名单,提前进行沟通交流,保证有 1~2 个铁杆,1/2 以上人员支持,全部人员不反对我们。

◇ 注意过程中的沟通和协调:与招标方进行及时有效的沟通和协调,及时解决各种问题和疑问,并认真听从招标方的建议和意见。

补充:重要,让客户感受到我们的专业和诚意,觉得我们是最适合、最好的。

开标后:

◇ 仔细阅读招标文件:认真研究招标文件,了解招标的具体要求和流程,明确自己与招标项目的契合度和可行性。

◇ 准备相关资料:根据招标文件的要求,准备相关证明材料、技术方案、商业计划书等必要文件，并保证这些文件真实有效。

♦　提交投标申请：按照招标文件的规定，提交自己的投标申请，并保证在截止时间前提交。

♦　拿到投标竞争对手名单，依据评标标准完成自评，模拟各个竞争对手得分，确认与它们之间的差异，强化优势，补足短板。

补充：重要，怎么体现比竞争对手更好，就是需要对竞争对手有充分了解，然后准备好应对方案，虽然不一定可以全方位去超越，但至少要学会"田忌赛马"。

♦　编写招标文件：撰写一份专业、清晰、易懂的招标文件，包括详细的技术方案、商业计划、预算和工期等内容，并保证符合招标文件的要求。

补充：重要，标书是极其重要的，客户评标，是以标书为准的，一定要严格围绕招标文件写，不能有任何错误，凸显自己的优势，绝对不能写自己的不足。你要知道，评标就是评标书，你公司再好，标书没写好，评标结果就是不好，你公司一般，但标书写很好，评标结果就是优秀。

♦　做好投标准备：在投标前做好充分的准备工作，包括对市场情况、竞争对手、技术要求等因素的充分了解和分析，以提高自己的竞争力。

♦　详细分析投标产品成本构成，预估竞争对手报价可能（依据前期同类产品报价信息等），投标报价准备高、中、低三个方案，并给出不同报价得分及排名预估，提交公司领导决策。

总之，成功应标需要充分准备、认真执行，并且具备专业的技术能力、商业头脑和良好的职业道德。

最后我们还必须指明的是，从矛盾论的视角看事情不分大小，问题无论难易。正确认识事物和解决问题的简单法则都是实事求是地认识矛盾，分析矛盾，具体情况具体分地解决矛盾。

但矛盾的法则绝非灵丹妙药，它只是为我们提供了一个认识复杂问题的清晰视角。任何复杂问题的解决最终都需要实事求是、脚踏实地地付诸实践，这也是亘古不变的经典法则。

解决问题靠的不是逃避，而是科学思想方法，你不用害怕，保持乐观，因为你今天遇到的绝大部分问题，其实早就有人经历过了，并且找到了很好的解决方法，你所要做的，就是通过学习，把它们找到。

第4章

研发质量管理专业能力

专业教育的目的是培养某一领域的专业技术人才，关注的是"成才"。

专业能力的培养，就是构建一个人的工作能力，追求的是研发质量管理知识的深度。不仅注重传授研发质量管理的专业知识，更强调要掌握研发质量管理必备工具的熟练使用能力，提升研发质量管理过程的质量策划、质量保证、质量控制和质量改进能力，并最终达成客户满意结果。

通过研发质量管理专业学习，逐步形成个人的研发质量管理专业知识体系框架、分析方法和认知能力，在公司中，无论面对何种类型产品研发，都能够一通百通、举一反三和高效管理。

研发质量管理工作任务很多，也很杂，如果每项任务都做到面面俱全几乎是不可能的，况且有时候你还不止带一个项目，如何最大限度做好研发质量管理工作，保证研发质量，你就需要区分任务的轻重缓急，掌握一些必备技能，这样你才能在任何时候都能做到胸有成竹，游刃有余，如图4－1所示。

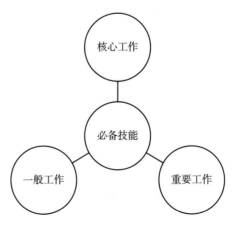

图4－1　研发质量管理专业能力

4.1　必备技能：工作分解、过程梳理和 Checklist

工作总是干出来的，怎么干，效率最高，效果最好，是真不一样的。质量管理工具非常多，都有其适用场景和价值，这里不一一介绍了，这次分享的三个技能对于我们做好研发质量管理工作是极具普适性和实用价值的，希望大家务必熟练掌握。

4.1.1　工作分解

我们要知道任何工作要想结果好，就得一步一个脚印，一步一个台阶，认认真真把每件事情都去做好，但实际情况却是太多人不知道怎么做好自己的工作。

举例：

出货的产品出现质量问题，被客户投诉了，让你去处理。

当你接到这个任务时，你是如何思考的，你会怎么做？

客户谁反馈的，问题是什么，现象是什么，什么时候发生的，在什么情况下发生的，在哪里发生的，如果要数据找谁，谁有联系方式，要他们提供什么信息，什么时候给，找谁分析……一连串问题都需要你去思考、去准备、去处理。

你会发现，虽然让你去处理客诉是一件事，是一个任务，但实际要做的事情却很多，情况也很复杂，如果没有一个处理客诉的流程和可执行的操作步骤，我相信不同的人处理的方式方法会千差万别，效率和效果更是不可预期，要想让客户满意，难道每个人做事的时候还再派一个监工，肯定不现实，不具备可操作性。但是并非每个公司都有高效且系统性的质量管理体系，没办法做到每个工作任务都有指导员工工作的规范、流程、操作指导和记录表等。

况且即使有了质量管理体系，公司业务一直在发展，体系也需要不断更新完善，很难做到面面俱到，无缝衔接。

这时候怎么办呢？

一般我遇到任何事，需要自己去做的，首先确认公司规范和流程要求是怎样的，有，就按规范和流程操作，在做的过程中依据实际情况边做边调整，目标就是把事情做成，并达成目标。

如果确认公司没有相关的操作规范，第二选择我会去找有没有做这件事的现成工具，比如处理客诉的质量工具有 8D 报告、CAR（corrective action report）纠正行动报告、QC 七大工具、5M1E 分析法等。整合运用这些工具可以帮助我更有效地分析和处理问题信息和数据，更有结构地思考和分析问题，更有逻辑地处理和解决问题。

如果依然没有找到合适的，这时我就会把我要做的工作进行"工作分解"。

什么是工作分解？

就是把要达成的目标，翻译成可管理、可执行的任务和子任务，然后根据它们之间的关系，组成层级结构。

作为质量人，你需要学会如何进行"工作分解"，把目标（做什么）"翻译"成任务（怎么做）。

做的过程中最重要的思维方式是：目标→条件组合。

即先确定目标是什么，然后对目标进行思考和分解，想清楚要实现目标需要满足哪些条件，条件也可以等同于小目标，再思考和分解实现小目标需要满足哪些条件，不断分解，直到分解为可以管理，有明确责任人的具体可执行的活动结束。

举例：

《荀子·王制》中有"春耕、夏耘、秋收、冬藏，四者不失时，故五谷不绝"。

这句话指传统农业生产的一般过程：春天播种→夏天除草→秋天收获→冬天储藏。

这和目标→条件组合有什么关系？

我再说个例子，你就明白了。

举例：

我们现在一年四季可以吃到西瓜、西红柿、黄瓜、茄子、青菜等各种蔬菜水果。

为什么？

事物的发生、发展的过程都有其客观规律，要实现目标，只要条件满足了，目标就能实现，我们所要做的，就是通过分解，找到这些条件，并实现它们，结果就会是我们想要的，这是客观事实。

建议：

♦ 可以借助"工作分解结构"（work breakdown structure，WBS）这个工具

来辅助完成。

   ◇　可以依靠有经验的专家来辅助分解目标和评估持续时间。

   ◇　可以借助团队的力量，召集相关人员开"评审会"，以获取反馈，并调整和完善。

   ◇　责任人：这里补充说明一下，某个活动的责任人并非指这个活动全部工作就是这个责任人自己去做的，而是指这个活动是由这个主导人主导完成的。

举例：

硬件 BOM 评审这一活动。

责任人是硬件工程师，但是实际参与评审的人还包括：产品、项目、软件、结构、测试、采购、质量等。

然后反向走：条件组合→目标。通过一个个条件的实现，达成小目标，最终实现终极目标。

一旦你熟练掌握了"工作分解"这个方法、工具以后，未来你做任何事情，如果你不知道怎么开始做，就用这个方法，它就是让你做成事的一把金钥匙。

举例：

公司派你出差，去一家新供应商那里做导入质量审核。

怎么做，才能确保经过你审核的供应商能够符合公司新供应商导入要求？

   ➢　最简单的就是严格遵照公司"新供应商导入流程"执行。

   ➢　如果公司没有相关流程和规范，就需要用到"工作分解"这个方法了。

新供应商导入质量审核工作包括：

   ◇　准备《供应商基本信息表》，要求新供应商填写；

   ◇　和已有同类供应商、同行了解新供应商行业内口碑情况；

   ◇　要求新供应商过来介绍公司经营情况和产品讲解，并提供样品测试验证；

   ◇　现场质量审核，内容包括：质量管理体系审核、产品过程审核、产品审核、5S、5M1E 审核等；

   ◇　现场和新供应商一把手交流，了解公司管理层的质量意识和对待质量的态度；

   ◇　现场和新供应商质量管理负责人交流，了解其工作经历和专业能力；

以上这些审核工作有的可以直接操作的，有的还需要进一步分解，比如过程审核：

   ✓　研发过程审核，研发过程还可以进一步按阶段进行分解，比如产品概念阶段、计划阶段、开发阶段（DVT/EVT）、验证阶段（PVT）、发布阶段（MP）等；

✓ 生产过程审核，生产过程还可以按不同生产阶段进行分解，比如来料检验过程、SMT 过程（首件检验过程、上料过程、贴片过程、主板外观检验过程、主板功能测试过程、主板老化过程、质量抽检过程等）、组装过程（首件检验过程、组装过程、整机外观检验过程、整机功能测试过程、包装过程、质量抽检过程等）。

随着工作分解如剥洋葱般一层层深入，新供应商导入质量审核工作就从一开始一片迷雾、不知从何处下手开始变得越来越清晰和可执行了，整个工作分解过程你可以自己上网或看书自学，也可以请教别人，甚至一开始可以 copy 不走样，后面在实际审核过程中慢慢边做边调整、更新完善，质量管理工作就是在这样持续不断的过程中越做越好的。

4.1.2　过程梳理

我们做研发质量管理，除了对项目团队的工作质量进行管理以外，还有一项非常重要的工作就是对研发过程进行质量管理。研发过程是一个大概念，是无法直接进行管理的，这时就需要使用上面工作分解的方法对研发过程进行分解，直到细分成可以确定责任人的活动为止，这样我们就能对这个活动过程进行质量管理了。

举例：

BOM 评审、客户质量管理等。

如何做好过程质量管理？

第 1 步：对整个过程要有全局了解，知道这个过程是从什么时候开始，然后一步一步是怎么走的，做到什么程度结束。

第 2 步：思考开始的触发条件是什么，即输入什么可以触发过程启动，对输入有没有要求，判定标准有没有，是怎样的，以及谁来输入。

第 3 步：思考第一步怎么走的，有没有规范和流程，是怎样的。

第 4 步：接着思考第一步做完了，怎么证明做完了，要输出什么，对输出有没有要求，判定标准有没有，是怎样的，以及输出给谁。

第 5 步：如此循环，前后衔接，直到过程结束。

我们做过程质量管理，首先就是要对每个过程进行梳理，然后通过文档质量管理去确保过程输入输出文档质量，通过流程监督去确保工作质量，最终达成保证过程质量的目标。

过程梳理可以使用 SIPOC 这个思维模型。

什么是 SIPOC 模型？

SIPOC 模型是质量大师戴明提出来的组织系统模型，是一门最有用而且最常用的，用于流程管理和改进的技术。是过程管理和改进的常用技术，作为识别核心过程的首选方法。

SIPOC 其中每个字母各代表的意思如下：supplier（输入方）；input（输入）；process（过程）；output（输出）；client（接收方），如表 4 - 1 所示。

表 4 - 1　　　　　　　　　　　客户质量管理　　　　　　　表单编号：×××

输入方 （supplier）	输入（input）	过程 （process）	输出（output）		接收方 （client）	过程主导
销售部	客户要求原始文件	建立客户档案	研发质量管理档案	基本信息建档	研发质量	研发质量
	客户通信录			质量相关窗口		研发质量
客户 销售经理	协议文件提出	客户要求文件问询与收集	协议文件	质量保证协议	质量经理	研发质量
				售后协议	质量经理	研发质量
				有害物质限用	质量经理	研发质量
				绿色供应商承诺书	质量经理	研发质量
				…	…	…
	测试标准文件提出		测试标准相关文件	硬件测试标准	测试部 研发部 - 硬件	研发质量
				软件测试标准	测试部 研发部 - 软件	研发质量
				可靠性测试标准	测试部 研发部 - 整机	研发质量
				配件测试认证标准	测试部 研发部 资源部	研发质量
				…	…	…
	检验标准文件提出		验货标准相关文件	PCBA 检验标准	研发质量 生产质量 - SMT	研发质量
				整机检验标准	研发质量	研发质量
				产品包装规范	NPI 生产质量	研发质量

续表

输入方 （supplier）	输入（input）	过程 （process）	输出（output）		接收方 （client）	过程主导
客户 销售经理	检验标准 文件提出	客户要求 文件问询 与收集	验货标准 相关文件	备品包装规范	NPI 生产质量	研发质量
				…	…	…
	客户审厂 计划提出		稽核计划	体系稽核要求	质量部–体系	研发质量
				加工厂稽核要求	生产部–SMT 生产部–Assembly	研发质量
				产品稽核要求	产品部 销售部	研发质量
				…	…	…
	流程要求 提出		流程要求 相关文件	项目开发流程要求	项目部 研发质量	研发质量
				项目变更流程要求	项目部 研发质量	研发质量
				问题反馈以及 处理流程要求	项目部 质量部 销售部	研发质量
				客诉处理流程要求	项目部 质量部 销售部	研发质量
				售后处理流程要求	售后部	研发质量
				…	…	…
	认证要求 提出		合作产品 认证要求 列表	整机性能认证要求	研发部–硬件/ 软件/结构/整机	研发质量
				配件认证要求	研发–硬件/ 软件/结构/整机 资源部	研发质量
				…	…	…
研发质量 销售经理	其他要求 问询		其他要求 文件	合作注意事项	项目部 质量部 销售部	研发质量
				质量互动要求	研发质量 供应商质量 生产质量 售后质量	研发质量
				试产支持要求	项目部 生产部 生产质量	研发质量
				（生产，售后） 培训支持要求	生产部 售后部	研发质量

续表

输入方 (supplier)	输入（input）	过程 (process)	输出（output）		接收方 (client)	过程主导
研发质量 销售经理	其他要求 问询	客户要求 文件问询 与收集	其他要求 文件	零件承认要求	研发质量	研发质量
				（现场）验货要求	生产部 生产质量	研发质量
				…	…	…
研发质量	《×××客户 审厂要求》	稽核准备	准备状态 确认清单	文件清单	研发质量 销售部	项目部 质量部 - 体系 生产部 - SMT 生产部 - Aseembly
	《稽核准备 计划及确认》			记录清单	研发质量 销售部	
	《稽核陪审 责任分配》			陪审人员名单 日程计划	研发质量 销售部	
	《自评表》 模板			自评文件	研发质量 销售部	
质量 - 体系	体系文件， 质量记录	陪审稽核	陪审记录	体系稽核 陪审记录	研发质量 销售部	质量部 - 体系 生产部 - SMT
生产部 - SMT 生产部 - Aseembly 生产质量	工厂体系文件 过程控制记录 现场 8S			贴片厂稽核 陪审记录		生产部 - SMT 生产质量
				组装厂稽核 陪审记录		生产部 - Assembly 生产质量
产品部 销售部	产品介绍 与展示			产品稽核 陪审记录		产品部 销售部
质量部 - 体系 生产部 - SMT	改善计划与 行动方案	改善与 状态跟进	《改善报告》 《改善计划》 《改善结果》		研发质量 （客户）	质量部 - 体系 生产部 - SMT
生产部 - SMT 生产质量	改善计划与 行动方案					生产部 - SMT 生产质量
生产部 - Assembly 生产质量	改善计划与 行动方案					生产部 - Assembly 生产质量
产品部 项目部	改善计划与 行动方案					产品部 项目部
研发质量/ 客户	《质量协议》	客户文件 评审	回复/批注		客户	研发质量
	《售后协议》		回复/批注		客户	售后质量
	《有害物质 限用协议》		回复/批注		客户	供应商质量

续表

输入方 （supplier）	输入（input）	过程 （process）	输出（output）	接收方 （client）	过程主导
研发质量/ 客户	《绿色供应商承诺书》	客户文件评审	回复/批注	客户	供应商质量
	《硬件测试标准》		《评审记录》	研发质量	研发 – 硬件部 测试部
	《软件测试标准》		《评审记录》	研发质量	研发 – 软件部 测试部
	《可靠性测试标准》		《评审记录》	研发质量	研发 – 整机 事业部 测试部
	《配件测试验证标准》		《评审记录》	研发质量	研发 – 整机 事业部 测试部
	《PCBA 检验标准》		《评审记录》	研发质量	生产质量 – SMT 研发质量
	《整机检验/验货标准》		《评审记录》	研发质量	生产质量 – Assembly 研发质量
	《产品包装规范》		《评审记录》	研发质量	生产质量 研发质量
	《备品包装规范》		《评审记录》	研发质量	生产质量
	《认证要求》		《评审记录》	研发质量	研发（硬件/ 软件/结构/ 整机）资源部
	《流程要求》		《评审记录》	研发质量	项目部 质量部
	《其他要求》		《评审记录》	研发质量	项目团队
研发质量	《客户文件评审记录》	客户要求沟通一致	《客户文件评审记录 – 沟通记录》 《××文件执行 版本》 《备忘录》	研发（硬件/ 软件/结构/ 整机） 资源部 项目部 销售部 质量部	研发质量 研发质量 研发质量 研发质量 研发质量 研发质量 研发质量

续表

输入方 （supplier）	输入（input）	过程 （process）	输出（output）	接收方 （client）	过程主导
研发质量	客户原始 文件	客户资料 归档	《文件归档清单》	研发质量 生产质量 研发部 生产部 资源部 项目部	DCC 研发质量
	各文件 执行版本				
	《注意事项 & 备忘录》				
	前期工作 进度	更新客户 质量管理 信息档案	客户质量管理 信息档案 （更新与共享）	研发质量 生产质量 DCC	研发质量

4.1.3　Checklist

我们做研发质量管理的，Checklist 一定不陌生，在我们研发质量管理过程中，Checklist 这个工具是我们使用最多、最频繁，也是最有效的工具和手段，它可以使我们的产品研发过程质量和产品质量更有保证。

整个产品研发过程是非常复杂的，涉及方方面面，任何一个环节的疏漏都有可能导致出现质量问题，任何质量问题的发生，必然会造成成本、时间和质量的损失，这是我们质量人最不愿意看到的，研发质量管理如何做到尽可能的完善，减少问题的发生，Checklist 就可以帮到我们。

什么是 Checklist？

Checklist 就是检查清单。

Checklist 有什么用？

◇　Checklist 最基本的作用是借鉴成功经验、完善工作质量和避免工作疏漏。因为我们的记忆会有疏忽，可能遗漏一些需要注意的事项，还因为经验和水平有限，能够思考到的程度有差异，借助 Checklist 可以帮助我们做必要的检查，提升工作效率，降低疏漏风险。

◇　在研发质量管理过程中，Checklist 最核心的作用是能让我们要做的每一件事都变得有理有据，不会忘记，也不会存在细节上的错误，有了 Checklist，我们实施研发质量管理时就会变得既简单又高效，效果也会非常好。

◇　Checklist 是我们每个质量管理人员都需要熟练掌握的一个工具，它的使用范围非常大，适用场景非常多，效果也非常好，我们做研发质量管理，涉及的人很多，工作太多太杂，对于很多人来说，难免会出岔子，导致工作失误，但是用了 Checklist 就不一样了。

◇ Checklist 最常见的使用就是被用来作为检查表，检查人员依据检查项目一项项确认，符合打√，不符合打×。

◇ Checklist 还可以作为话题清单使用，当你准备去和领导、客户沟通时，可以提前把需要交流的话题清单列出来，避免现场遗漏。

◇ Checklist 也可以作为任务清单使用，每天早晨，列出并计划好一天要做的工作清单，按重要紧急程度区分优先级，然后按计划开展一天的工作。

◇ Checklist 还能帮我们节约很多精力，当你没用它的时候，脑袋里总是时不时要提醒自己去记各种事情，这样才能保证自己不忘记，有了 Checklist，把事情记在上面，不记得的时候只要拿出来看一看即可，就不需要总是想了。

在研发质量管理过程中，Checklist 在方方面面都能被使用到，而且要知道 Checklist 不是一成不变的，不用担心一开始不知道填充什么内容，把能够想到的都填写进去，然后边做边修改边完善，随着时间的推移和经历项目的数量上升，你会发现 Checklist 表格内容越来越完善，对于研发质量管理工作的助力也越来越大，我们研发质量管理的工作量反而越来越少，越来越轻松了，值得推荐。

下面举一些研发质量管理经常用到的 Checklist 案例，如表 4-2 所示。

表 4-2　　　　　　　　　　　　研发质量管理常用 Checklist

阶段	Checklist 项目	作用
日常工作	每日工作计划 Checklist	有计划的工作，避免工作疏漏，提升工作效率
概念阶段	客户审厂 Checklist	通常新客户在合作之前都会进行审厂，为确保客户审厂顺利通过，我们需要针对客户会关注和审核的内容提前进行准备和确认，Checklist 就可以帮助我们提前协调好各方，并给出各方需要做好哪些准备工作，确保客户审厂顺利通过
	客户文件评审 Checklist	将所有客户提供的，与质量相关的合同、协议、标准、需求等书面文件进行评审，将所有需要确认的内容提炼出来形成 Checklist，方便和项目相关人员进行确认，方便和客户进行沟通和统一
	客户沟通话题 Checklist	对于产品的认识，客户并非都是专业的，在前期需求沟通时需要我们主动去引导客户，可以有效避免后期客户因为前面考虑不周导致的设计变更

续表

阶段	Checklist 项目	作用
概念阶段	客户质量需求 Checklist	最终将完成确认的客户针对质量的所有需求列成 Checklist，方便项目团队查询和确认，也方便我们在后期研发质量管理过程中进行检查和确认
	计划阶段准入审核 Checklist	为对研发过程进行有效管理，通常在管理过程中会把产品研发过程进行分阶段管理，一个阶段工作完成，项目经理汇总各部门项目资料，向质量人申请下阶段准入，此时质量人就会使用阶段审核 Checklist 这个工具，逐项进行检查，确保上阶段工作已全部完成，项目资料已经归档，质量目标已达成等。只有符合要求的申请才能准入下一个阶，保证了阶段研发质量
计划阶段	新供应商导入质量审核 Checklist	新供应商导入质量审核，确保新供应商能够符合公司质量要求
	开发阶段准入审核 Checklist	审查当前阶段各部门工作完成情况，确保是否符合项目质量和质量管理体系要求
开发阶段	各详细设计评审 Checklist	这份 Checklist 是研发质量管理中最核心、最重要的，所有设计工作完成后，都需要进行评审，只有评审通过后才能归档并外发，如何确保设计质量，就需要各专业部门拟定《×××设计评审 Checklist》，用于同行评审和跨行评审
	设计质量注意事项 Checklist	质量需求、质量目标、质量标准、风险点、产品认证等要求确认，以前发生过的质量案例、客诉问题相关注意事项
	验证阶段准入审核 Checklist	审查当前阶段各部门工作完成情况，确保是否符合项目质量和质量管理体系要求
验证阶段	测试 Checklist	避免测试遗漏，保障测试工作质量
	产品认证 Checklist	确保产品送测准备工作全部完成，符合认证机构要求，保证一次通过
	试产质量巡检 Checklist	小批量生产过程，为将来大批量量产做准备，确保生产过程符合质量要求
	整机封样 Checklist	开发和验证工作完成后，通常需要向客户提交整机验收，在提交前进行质量检查，确定相关资料已经准备完成（比如产品规格书、测试报告，检验报告等）、样机外观和功能测试通过，还涵盖客户需求的确认，全部合格后再提交客户验收，确保一次性通过
	发布阶段准入审核 Checklist	审查当前阶段各部门工作完成情况，确保是否符合项目质量和质量管理体系要求
发布阶段	整机外发测试 Checklist	项目量产后，经常会遇到其他部门需要领用或外发样机的需求，为确保外发机器质量，在外发前进行简单测试 Checklist

续表

阶段	Checklist 项目	作用
发布阶段	发布阶段审核 Checklist	审查当前阶段各部门工作完成情况，确保是否符合项目质量和质量管理体系要求
	量产交接 Checklist	项目转量产后，通常研发质量管理工作就接近尾声了，此时需要将项目相关质量资料移交给生产质量管理人员，确保交接工作顺利完成

4.2 核心工作：需求管理、评审管理、测试管理和阶段质量审核

研发质量管理那么多工作，为什么要选这四个作为我们的核心工作？

◇ 我们做任何产品和服务，都是因为有需求需要满足，怎么确保产品和服务能够满足需求，就必须在一开始就进行需求管理，只有做好了这个，我们后面的工作才有目标、意义和价值。

◇ 产品和服务的研发质量很大程度上取决于研发人员的工作质量，我们虽然不懂技术，但可以通过评审管理对其工作质量和输出文档质量进行管理，达到同样目标和结果。

◇ 怎么知道研发出来的产品和服务是好的，就需要对其进行测试和评价，测试工作的质量和结果会直接影响我们对产品和服务质量好坏的判断，所以我们通过测试管理对测试工作进行管理。

◇ 结果是过程的输出，通过对过程的管理保证过程质量，进而保证结果是好的，然而产品研发过程持续时间很长，且相关过程更多，所以我们采用阶段质量审核方式，将大过程分成几个阶段，并对每个阶段的所有工作进行综合审核，环环相扣，步步推进，最终达成目标。

4.2.1 需求管理

什么是质量好，无非就是产品能够让顾客满意。

那怎么做到让顾客满意，就得知道顾客的需求是什么，满足并超越了顾客的需求，自然就满意了。

什么是顾客？

ISO 定义：顾客是将会或实际接受为其提供的，或应其要求提供的产品或服务的个人或组织。

注：顾客可以是组织内部的或外部的。

怎么理解，通俗讲就是流程下一环节就是顾客。

举例：

你写了一份简报，给谁看？（这个"谁"就是你的下一个环节），这里就是我，我就是你的顾客，你把简报给了我，我是公司内部顾客。

我们公司生产了一批产品，把它们卖给了我们的客户，这里的客户就是我们公司的顾客，是公司外部顾客。

知道了顾客的概念，未来你做自己的工作，管理别人的工作时，就要有一个规范：做事之前先了解清楚下一个环节顾客的需求是什么，做完之后输出给下一个环节之前自己先检查一遍，顾客的需求都满足了吗？

什么是顾客满意？

我们做质量经常会挂在嘴边的一句话：让顾客满意。

那么，什么是顾客满意呢？

顾客满意定义：顾客满意取决于顾客对产品的感知效能与顾客预期的比较。如果产品的效能低于预期，顾客则不满意。如果效能符合预期，顾客则满意。如果效能超过预期，顾客则非常满意或者惊喜。

通俗讲就是下一个环节的对上一环节提供的产品或服务在事前是有要求和期待的，拿到上一环节输出后会与实际（感知）效果进行比较，如果实际效果与事前期待相符合，则感到满意；超过事前期待，则很满意；未能达到事前期待，则不满意或很不满意。

我们做任何事情，都会有个方向、目标和标准，这样我们才有依据去判断事情有没有做好。

我们做研发质量管理工作，最基本的原则就是：让顾客满意。

这是我们判断质量管理工作有没有做好的最重要指标。

既然目标是顾客满意，那前提就要先知道客户需求/要求/期望有哪些，对客户需求理解和管理的好坏是我们达成顾客满意目标非常重要的一个环节。

一个研发项目，项目不同成员职责各不相同，每个人又因为专业、经验和岗位的不同，对同一件事情的理解程度也是不一样的，所以针对客户需求，我们才需要进行管理，我们研发质量管理要在客户和研发之间搭建一座桥梁，把"客户的语言"转化为"设计的语言"，确保客户和产品研发团队之间的理解和目标是一致的，而不是因为语言不通出现各自为战的现象。

KANO 模型是狩野纪昭等人发明的对用户需求分类和优先排序的工具，以分析用户需求对用户满意的影响为基础，体现了产品质量和用户满意之间的非线性关系。该模型将产品/服务的质量特性分为五类：

（1）基本型需求。

也称为必备型需求、理所当然需求，是顾客对公司提供的产品或服务因素的基本要求，是顾客认为产品"必须有"的属性或功能。当优化此需求，用户满意度不会提升，当不提供此需求，用户满意度会大幅降低。

（2）期望型需求。

也称为意愿型需求，是指顾客的满意状况与需求的满足程度成比例关系的需求，此类需求得到满足或表现良好的话，客户满意度会显著增加，公司提供的产品和服务水平超出顾客期望越多，顾客的满意状况越好，当不提供此需求，用户满意度会降低。

（3）兴奋型需求。

又称魅力型需求，指不会被顾客过分期望的需求。用户意想不到的，如果不提供此需求，用户满意度不会降低，但当提供此需求，用户满意度会有很大提升。

（4）无差异型需求。

不论提供与否，对用户体验无影响。是质量中既不好也不坏的方面，它们不会导致顾客满意或不满意，顾客根本不在意。

（5）反向型需求。

又称逆向型需求，指引起强烈不满的质量特性和导致低水平满意的质量特性，因为并非所有的消费者都有相似的喜好，用户根本都没有此需求，提供后用户满意度反而会下降。

KANO 模型如图 4-2 所示。

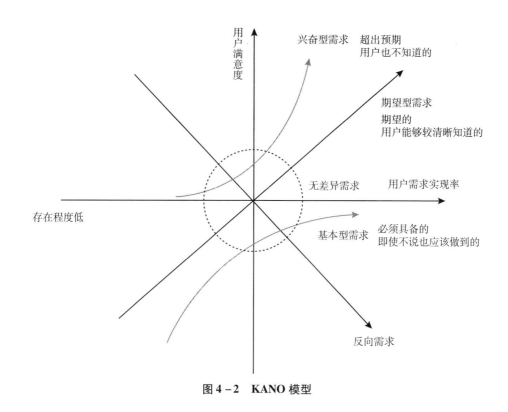

图 4 - 2　KANO 模型

通常，顾客满意相关的质量特性，必须包含表 4 - 3 中的四个方面。

表 4 - 3　　　　　　　　　　顾客满意相关的质量特性

狭义的产品质量特性	与成本、价格有关的特性	与易用性有关的特性	与可靠性有关的特性
外观、功能、性能、寿命等	品牌好、性价比高、持有成本低等	没有复杂操作容易上手、操作简单、性能好、体验好等	寿命长、故障率低等

和客户沟通注意事项：

　　◇　你就是代表公司的形象，要提前做好准备工作，因为客户也会向你提问，不能一问三不知，特别是自己专业相关的事项。

　　◇　不要害怕，即使和客户领导沟通也一样，摆正心态，不卑不亢，正常交流就行，无须战战兢兢，害怕自己说错话会惹客户不开心。

　　对于客户需求部分，我主要负责客户质量相关需求的收集、整理、确认和评审，并最终和客户针对质量需求达成统一。

通常，依据客户需求情况不同，我们的应对方式也是不一样的，如表 4 – 4 所示。

表 4 – 4　　　　　　　　　　　　客户需求挖掘方法

方法	针对场景	如何做
找对标	客户对需求表述不清，或者双方"理解""语言"不通	了解客户过往的偏好，或者直接问客户，有没有具体对标物
找场景	客户给到的信息有限，你拿不准是否能够响应客户的需求，问来问去，也没有问明白	基于对客户需求的真实体察，给出实际应用场景方案，再和客户沟通确认
找内线	客户突然提出一个很反常，不太靠谱的需求	想办法在客户公司内找到能帮你拿到关键情报的内线，找到真实原因
给样本	客户始终对方案不满意，但是又提不出明确的需求	把方案做成实体，比如手板、视频、ID 方案等，让客户真切感受到成果的样子
给标准	客户没有自己的书面标准	为客户量身定制一套书面标准，并逐条给客户讲解和确认，得到客户认可

举例：

➢ 客户没有需求。虽然表面上客户没有什么需求，这样的客户也是最不专业的。没经验的人可能会觉得这样好啊，客户没需求，按我们自己的标准做就好了。如果你也这么想，那就大错特错了，这样的客户不是没有需求，只是因为不专业，所以讲不清楚而已。这种情况就会很容易导致在开发过程中不断变更需求，导致项目计划一再延迟，成本不断上升。

➢ 客户什么文档都没有，所有的需求都来自口述，还经常变更。面对这种客户，我们就会加强与其沟通，通过我们的专业能力，依据客户实际情况，提前准备好《客户沟通话题 Checklist》，尽量引导客户在项目立项前能够把需求说清楚，避免前面因为客户的不专业，导致在项目实施过程中客户不断变更需求。而我们因为经历客户很多、项目很多、那些由于一开始疏忽而导致后续变更的案例有很多，把它们汇总起来，不断完善，变成客户沟通话题 Checklist，引导客户提前去思考和说明，可以有效减少后期变更情况的出现。同时，我们还会为客户量身定做一套适用于客户的《质量标准》，内容包括软件、硬件、结构等涉及功能、性能、可靠性和外观检验的质量标准，反过来让客户去确认，看看有没有不符合，或新增的需求。这样的客户很大程度上是说不清楚自己想要什么的，但是当他看到实物时就会有一堆自己的想法和新增需求出来，而此时项目已经进行一段时间了，这个时候变更对成本、计划和质量的影响都会比立项前大非常多。

➢　客户有一整套需求文档。面对这样的客户，是最轻松的，因为客户知道自己想要什么，也能说清楚自己想要的标准。这时，我们要做的就是针对客户提供的文档进行研究，把有疑问和不确认的内容提炼出来，和客户进行沟通和确认，然后内部进行评审，给出文档评审结果，然后再和客户进行沟通和确认。通常这种交流会持续一段时间，中间会有多次双方面对面进行交流和答疑解惑，某些正式的情况甚至可以说是双方在谈判。这个时候我们要有这样一个认知，谈的过程会很艰难，但是双方的目标是一致的——在成本、计划和质量都能接受的前提下，统一标准，把产品做好。最终双方达成一致。

➢　客户只有一部分需求，但不完整。面对这样的客户，我们也会双管齐下，客户有的，我们通过评审后和客户沟通达成一致；客户没有的，我们输出一份适合客户需求的标准，让客户确认，也通过沟通达成一致。

质量人在需求管理过程中要做的工作包括：

✧　识别项目干系人，收集其质量相关需求，特别是法律法规、产品认证、安规、环保、客户、终端用户和公司领导等的需求；

✧　提前准备好需求沟通话题 Checklist，通过提问，或引导的方式尽可能获取需求信息，以降低未来在研发过程中不断提出新需求的现象；

✧　收集外部需求文档，比如质量协议、售后协议、测试标准研发流程、验收标准等，先自己审查，列出需要讨论的条款，输出《文档评审记录》；

✧　拟定《需求管理表》，召集项目团队共同评审；

✧　依据评审结论，和需求方进行沟通，最终双方达成一致意见；

✧　拟定《整机测试和验收标准》，并和客户确认统一；

✧　召集宣导会，向项目团队宣导需求信息，确保大家知晓；

✧　研发过程设计评审时和各相关责任人确认设计时有无考虑到需求的满足；

✧　测试管理时确认需求是否得到满足；

✧　完成整机验收。

4.2.2 评审管理

研发质量管理的目的是什么?

就是要管理好研发产品的质量,那怎么才能管理好产品研发的质量呢?

事后检验可以用,但不是最优解,因为我们质量人经常说的:要把工作做在前面,要做好预防工作,要提前防范风险,要第一次就做对。

怎么做到?

归根到底就是要确保技术人员的工作质量,设计工作做好了,产品质量就有保障了。但是我们做研发质量管理的,绝大多数人并不是从技术转行过来的,没有研发工作经验,这也是我们很多质量人内心最虚的一个点。我们对技术工作知之甚少,却让我们去管理技术人员的工作质量,我们该怎么管理呢?

答案就是:评审管理。

(1)按评审目的分类,可以分为:管理评审和技术评审。

管理评审分为:决策评审和阶段质量审核。

举例:

概念决策评审、开发阶段质量审核等。

决策评审须公司高层参与,对项目概念、计划、资源、成本、发布、退出等相关工作进行评审,并做出决策,重点关注项目状态,根据评审结果决定项目是否继续、暂停或者取消。例如:概念决策评审、计划决策评审等就属于决策评审。

阶段质量审核是由质量人实施,对项目经理提交的研发项目当前阶段工作成果的审核,重点关注当前阶段工作的文档输出状态、项目产品测试结果。例如:概念阶段审核。

技术评审分为:同行评审和跨行评审。

举例:

原型机评审、开模评审。

同行评审是指同部门同专业同岗位人员之间互相评审设计资料,确认设计有无错误,设计质量评价等。

跨行评审通常是指由项目团队参与,跨部门跨专业跨岗位人员之间评审设计资料，评估技术成熟度，检查是否满足规定的需求和标准，尽早发现问题和缺陷。

通常对于全新设计，会先做同行评审，再做跨行评审。

（2）按评审的组织方式分类，可以分为会议评审和审查。

审查是指由评审人员独立对工作产品进行检查，记录问题并反馈审查结论。

举例：

项目立项申请、阶段准入审核等。

为做好研发质量管理工作，通常我们在设计研发质量管理系统的过程中，会在研发过程各个阶段设置评审点，通过审核的方式对过程和结果进行评审，以此发现研发项目的各类问题，降低研发项目的风险，提升研发项目的质量。

（3）产品研发评审管理包括：决策评审（管理评审）、设计评审、准入审核（审查）。

　　◇　决策评审。

决策评审通常由公司管理层参与，通过决策评审决定项目的走向，是继续，还是暂停，或者直接中止。

　　◇　设计评审。

设计评审通常由项目团队共同参与，包含同行评审和跨部门评审，同行评审是指项目团队完成各自开发工作，在提交项目经理前，通常会将开发资料提交给部门负责人，由其组织部门人员进行同行评审，确保设计工作符合部门工作流程、规范和标准要求，同行评审完成以后，设计人员将设计资料提交项目经理，由其组织项目团队相关成员进行跨部门评审，确保本部门设计与其他部门设计匹配兼容，且符合其他部门提出的各项需求。通过设计评审管理，可以确保各部门设计工作质量。

　　◇　准入审核。

研发过程通常都会按阶段进行切分，阶段审核就是在本阶段工作已经完成，申请进入下一个阶段时进行，目的是对本阶段工作做一个完整审核，确保产品研发各项工作均已完成，且符合项目立项初期确定的各个目标和指标。

产品研发过程评审管理表如表 4 - 5 所示。

表 4－5　　　　　　　　　　**产品研发过程评审管理表**　　　　　　表单编号：

评审名称	主导部门	评审形式	评审启动条件	参与人	评审输出

我们做好评审管理，核心不是对评审过程、评审结论，或评审报告进行审查，这些有没有用？当然有用，但不是我们做研发质量管理最核心最重要的。

那么，评审管理最重要的工作是什么呢？

评审管理最重要的工作是：评审内容 Checklist。

举例：

硬件设计评审 Checklist、堆叠评审 Checklist、阶段审核 Checklist 等。

这些评审内容相关的 Checklist 才是我们保证研发质量最有效的根本手段和方法，不论公司发展到什么阶段了，我们做研发质量管理的人都要有这个意识，从一开始就组织公司核心团队成员一起起草各自工作内容的 Checklist，并且在后续产品研发实践过程中持续不断更新完善。

质量人在评审管理过程中的主要工作包括：

◇　拟定评审管理计划，知道什么时候做什么评审工作；

◇　审查评审资料质量，是否完成自查和同行评审，跨行评审前参会人员有无完成评审资料审查工作并提交审查问题和意见；

◇　参加评审会议；

◇　监督评审过程是否符合《评审管理规范》；

◇　监督评审结论执行情况；

◇　设计资料归档和外发审查。

4.2.3　测试管理

测试工作做得好坏与否，在很大程度上是能决定产品质量好坏的，这一点毋庸置疑。

因此，对于测试工作的管理，必须是我们研发质量管理核心工作之一。

我们做产品研发，最终都是要卖给客户的，也是要给终端用户去使用的，怎么判断我们研发的产品他们满不满意？

也许你会这么想，不是曾经做过客户需求管理了吗，满足客户需求了不就满意了？

对，也不对。

为什么"对"，需求都是落在纸上的东西，是标准，有据可查，只要产品满足了，产品是符合质量标准的，客户是不能说产品质量不符合要求的。

为什么又"不对"，因为有的需求是一种体验和感受，没法用语言或标准量化，只能实际看到、拿到产品，并实际使用后才能有的一种感受。还有时候，我们的客户并非最终使用人，他们的需求并不能直接代替最终用户，而这个恰恰是我们做好研发质量管理最难的，因为最终用户各不相同，他们的需求很难统一。

怎么解决这些问题？

对测试进行管理。

这时候，你就会发现，项目团队里就有这样的角色，他们就能扮演最终用户使用这样的一个场景，他们就是测试人员。他们会对研发产品进行反复的研究、试用、体验和测试，提出各种 DFX（design for X）建议和要求，未来不管是普通用户还是专业用户，他们会怎么用这款产品，我们测试人员在那之前一定是已经提前验证过了。所以说，测试人员在扮演最终用户这个事情上，是最有经验的，更是最专业的。

测试还有一个职责就是验证研发的新产品质量是否符合质量标准和要求。

我们质量人就需要对这个测试工作本身的质量进行管理，确保其能够符合预期和满足要求。

测试内容包括竞品测试、零件测试、软件/平台测试、硬件功能/性能测试、可靠性测试、场测、认证测试、产测、用户体验测试和例行测试等。

质量人在测试管理过程中要做的工作包括：

✧　向测试人员宣导新产品客户质量需求、质量目标和标准，以及新技术、新功能、新零件、新工艺等信息，确保其提前做好相应测试准备工作，比如搭建测试环境，新增内容测试软件 & 测试工装夹具开发、拟定测试用例、竞品和测试设备采购申请，样机需求申请，等等；

♦ 参与测试用例评审、测试标准评审、测试问题严重度分类评定标准评审；

♦ 测试前，审核《测试计划》，确认新产品测试已经全覆盖，测试内容没有遗漏（客户需求是否满足验证、新产品新增内容测试、风险评估的风险点测试验证）；

♦ 测试过程，及时和测试人员进行互动，了解是否有严重问题，出现后第一时间召集相关人员确认、分析和处理，避免测试全部完成后再统一确认导致时间延误；

♦ 测试后，审核《测试报告》，确认测试问题严重度分类是否准确，测试是否通过；

♦ 回归测试同样管理，如此反复，直到测试通过；

♦ 监督测试仪器、设备定期维护、保养和校准。

4.2.4 阶段质量审核

阶段质量审核之所以重要，因为这是一个承上启下的环节，既是对当前阶段工作结果的综合评价，也是下一阶段工作能够顺利开展的保证。

阶段质量审核就是产品研发过程分解为多个不同阶段，类似大目标分解为小目标，通过逐个实现小目标，最终达成大目标，是研发质量管理核心工作之一，通过阶段质量审核，就相当于每过一段时间对项目团队的工作进行质量小结，既可以保证当前阶段研发工作质量，又可以避免因为疏漏导致部分工作没有及时完成，或者问题久拖不决，影响研发过程持续推进，还能为下一阶段工作的顺利开展消除隐患和提供保障，是非常有必要的。

审核方法通常使用《阶段质量审核 Checklist》，如果公司还没有，需要质量人主导，召集公司各相关部门负责人、专家、主管等一起，通过头脑风暴法，输出各阶段质量审核 Checklist 模板，然后投入实践，并持续不断更新迭代。

质量人在阶段质量审核过程中要做的工作包括：

♦ 拟订项目《阶段质量审核 Checklist》；

♦ 审核当前阶段各部门质量相关工作任务是否全部完成；

♦ 审核是否有遗留问题和潜在风险；

◇　确认文档是否完成归档；

◇　提供反馈、提出问题并提供更改建议；

◇　给出审核是否通过的结论。

4.3　重要工作：风险管理、质量计划、问题管理和变更管理等

4.3.1　风险管理

我们做研发质量管理，有一个认识是必须一直记在心头的，就是要把质量工作做在前面，即做好风险管理。

在产品研发过程中，通常如果按公司自己的规范、标准执行的时候，项目的风险是很小的，都在可控范围内，有风险的地方主要是经验不足的新人、新功能、新零件、新供应商和新工艺部分。但是我们做研发质量管理并不只是局限于这几部分，还包括客户带来的风险。因为客户不论是否专业，都会在时间、成本和质量上有自己的需求、要求和标准，这些是客户最关心的地方，一旦出现问题，很容易被客户抱怨和投诉。所以我们会对客户需求进行单独管理，同时还会针对客户需求进行风险评估，找出高风险的点，在一开始就提出应对方案和备选方案，在研发质量管理过程中全程监督和管控。

第 1 步：风险识别。

召集项目团队，使用 FMEA 工具，基于客户需求、项目计划、成本、质量目标和标准等要求，按客户、硬件、软件、结构、测试、检验、零件、采购、生产、运输、售后等进行头脑风暴，列出所有可能的风险点，并给每个风险点标记严重度 S（1～10 分）、频度 O（1～10 分）和探测度 N（1～10 分）。然后进行风险排序、风险分类和确定风险责任人，针对高风险点提出应对方案。

第 2 步：风险评估。

评估风险大小使用三个标准：严重度 S、频度 O 和探测度 N。

行动优先顺序参照 FMEA 第五版行动优先级 AP。

第 3 步：风险控制。

风险控制使用五个策略：风险预防、风险规避、风险转移、风险分散和承受风险。

这是针对风险应对策略的控制方法，研发质量管理做风险控制还需要把重大风险点加入质量计划。

✧ 法律法规、产品认证、专利侵权等提前和客户、相关方沟通确认，规避风险；

✧ 客户需求风险提前告知客户知晓；

✧ 产品规格、计划、成本、质量完成评审和风险评估，确认可行性；

✧ 新供应商风险通过新供应商导入流程和规范执行；

✧ 新零件风险提前告知供应商并要求其分析原因和给出应对方案，并在来料检验时确认措施是否有效；

✧ 新功能设计风险点在设计评审时确认风险应对方案有没有导入；

✧ 新功能、新零件、新工艺，监督测试部门拟定相应测试用例；

✧ 新工艺风险在生产过程中进行确认；

✧ 为确保导入的应对措施是否有效，在审核测试计划时确认测试内容是否包含相应测试项目；

✧ 确认测试报告和收集问题时确认风险点是否有发生。

质量人在风险管理过程中要做的工作包括：

✧ 参加风险评估会，依据需求信息，质量目标和质量标准等要求，参照以往质量案例信息，识别风险；

✧ 确定风险点的风险值和行动优先级；

✧ 确定哪些风险点需要责任人提交应对方案和备选方案；

✧ 研发过程设计评审时确认风险应对方案有无导入；

✧ 研发调试和测试管理时确认风险有无消除；

✧ 如果应对方案失效，风险真实发生，召集相关人员分析原因，同时评估备选方案是否可以导入验证，如没有备选方案，需在分析后给出临时措施，避免风险进一步扩散，同时加急处理进度，找出问题根本原因，并给出解决方案，跟进测试验证，直到问题关闭。

4.3.2　质量计划

如果你是一个新人，接到一个项目，由你负责研发质量管理工作，你的内心真实想法是怎样的？

你是不是不敢接受，因为没有把握能够做好。为什么会没有把握呢？因为你对于这项工作的内容不了解，以前从来就没有接触过这类工作，或者接触的不多。

如果逃不掉，这个项目就是你的了，你只能接受，这时候你最希望的事情是什么？

你是不是希望有个前辈能够指导你，把你要做的工作告诉你，再告诉为什么要做等，教你工作的方向是什么，要做哪些工作，怎么做，什么时候做等，还要告诉你过程中注意事项有哪些，风险有哪些，产品标准和工作规范是怎样的。

所有你希望的这些信息，产品研发质量计划都能告诉你，用好了它，做好产品研发质量管理工作是大概率的。

如果你不是一个新人了，没有质量计划，你能保证你带的项目就一定成功吗，你确定你每天的工作都能井井有条吗，你拟定的质量计划是能够完美契合当前项目的实际情况吗？我相信这很难做到，缺乏计划的管理将是混乱的，即使你是一个经验丰富的管理者，因为一个人能够获取的信息总是有限的，这就需要我们站在巨人的肩膀上，借鉴前人的经验——参考公司现有质量计划模板，然后把我们有限的时间和精力放在最重要的事情上面——当前项目的特殊性，输出适合当前项目的质量计划，然后遵照计划执行，并在计划执行过程中做好管控，才能有信心保证研发质量管理工作。

因此，产品研发质量计划是我们做好研发质量管理的核心工具和方法，我们每个人都必须熟练掌握好和运用好。

我们先学更具一般性的质量计划，然后再由一般到特殊，指导我们学习产品研发质量计划。

你可以对比你自己和你了解的各类公司，不论其是质量管理体系完整与否，质量管理工作做得好不好，最根本的差异就是有没有"质量计划"，以及质量计划执行的好坏程度。

所谓计划管理，本质就是"目标＋计划＋执行＋控制＋总结"，即先确定目标，再制订计划，然后按计划去执行，再通过检查确认执行情况，依据检查结果进行总结，调整目标和更新计划，再按新计划执行，如此不断循环往复。

凡事预则立，不预则废，如果我们想要做好每天的工作，就需要对每天要做的任务进行管理，管理任务最有效的方法就是做好每日工作"计划"。

我每天上班前会花10分钟时间列出今天要做的所有事项，然后按重要紧急程度排序，选出其中最重要的3件事，一件件去完成，一旦你养成了这个提前规划每日"工作计划"的习惯，你会发现打开了新世界，这种感觉非常奇妙，赶快去试试吧。

同理，产品研发过程质量管理工作只会更复杂，相关方和不确定性因素也更多，如果我们想做好产品研发质量管理工作，最核心有效的方法就是做好"质量计划"。

即在项目正式立项前把质量计划拟定好，然后召集项目团队开会，向大家宣导质量计划的内容，将质量目标、项目需求、客户要求、项目风险、质量标准、认证要求、法律法规、流程、文档、阶段准入要求等明确传达，并将质量要求通过项目任务书的方式和项目团队每个成员完成确认并签字。

质量计划对于我们从事研发质量管理工作的人来说，是极其重要的，我们从一开始做研发质量策划时就需要对整个产品研发过程有全面的理解和掌控力，全方位考虑好各利益相关方的目标、需求、要求和期望，并确保得到有效识别、沟通和达成统一，最终以质量计划的文件形式输出。

质量计划不仅可以应用于对内管理，还可以应用于对供方的质量管理，也是向客户提供质量保证的方式和手段。

举例：

我们做研发质量管理过程中，有一个很关键的环节：零件承认。

如何有效确保供方提供的新零件能够符合我们的设计要求和期望？

我们就可以要求外部供方或潜在的外部供方提交与零件承认事项相关的研发和生产质量计划，并把对供方提供《质量计划》文件作为对供方风险管理和质量管理的最低要求。

我们拿到质量计划后进行内容审核，确保组织的要求、期望和风险得到了供方有效识别，确保组织与外部供方就如何满足组织的要求达成共识，并且在实施过程中得到了有效的管理和控制。

质量计划审核通过后，我们还可以参照供方提供的质量计划对需承认零件进行检查和测试验证，确认检测结果是否与零件规格书描述的信息保持一致。还可以要求供方提供需承认零件相关的规格书、测试报告、检测数据等书面文件资料，这也是供方提供质量保证的手段。

做完这些，我们对供方的管理能力和零件质量都会有一个充足的信心了。

产品研发质量管理过程中，质量计划包括：

♦ 客户质量管理计划；

♦ 评审管理计划；

♦ 研发质量计划；

♦ 零件承认计划；

♦ 生产质量计划（SMT 和组装）。

分别对应客户管理过程、评审过程、研发过程、零件承认过程和生产过程。

4.3.2.1 什么是质量计划

ISO 10005：2018：对特定的客体，规定行动、职责和相关资源的规范。

通俗讲，计划是为完成一定的目标而事前对工作任务、流程、步骤、责任人和时间作出的部署。即什么时间做什么事情，质量计划就是参照产品实现过程的项目计划，把研发过程质量管理要做的所有工作的全部细节内容对应进去的规范文件。

质量计划要回答一切有关什么（what）、如何（how）、何时（when）、谁（who）等的问题。

注 1：质量计划包括产品实现过程的工作流程和步骤、质量目标和要求、风险应对方案、质量控制方法、依据等信息。

注 2：质量计划可以引用程序文件。

注 3：质量计划通常是质量策划的结果。

注 4：质量计划不是一成不变的，随时可以依据实际情况修改。

4.3.2.2 质量计划的对象有谁

质量计划的对象包括：过程、产品和服务。

4.3.2.3 质量计划有什么作用

♦ 描述如何提供预期输出。

♦ 能够确保项目团队了解客户要求和质量目标/标准。

✧ 能够消除不确定性和变化所带来的不良影响。

✧ 可以使质量管理工作更加有序和有效，便于质量人对过程进行管理。

✧ 可以引起项目团队对质量管理工作的关注，提升双方合作和沟通效率。

✧ 提供了一种将过程、产品和服务的特定要求与工作任务、目标相关联的途径。

✧ 可以增强满足需求和要求的信心，保证过程更加受控，以及提供改进的机会。

✧ 能够提供满足客户要求和期望的质量保证。

✧ 能帮助公司完善质量管理体系。

✧ 质量人可以通过质量计划来规范和指导自己的工作。

✧ 公司管理者可以通过审核质量计划，以此来确定质量管理工作的专业性、正确性和完整性。

注：质量计划应当与其他有关的计划（比如项目计划、零件承认计划、测试计划等）相协调。

4.3.2.4 质量计划常见的错误

在实践过程中，很多人觉得质量计划没什么用，或者一开始就不认可质量计划所列的目标和要求，导致计划很难落地，为什么？

那是因为我们在制订计划时就犯了错误，为避免你再犯，下面列出了几个常见错误。

错误一：片面计划。

就是质量人自己制订质量计划，然后自己执行。

这之所以是个错误，是因为研发质量管理的工作涉及方方面面，而且很多工作是需要项目团队去执行的，你都没有听听他们的意见和建议，研发已经做完设计了，你再告诉他们有这些要求，必然会引发别人的抱怨和抵触，甚至不配合。

进一步讲，当你单独为项目制定质量计划时，你必须自己评估各方需求和确定产品标准，而你并非研发专业人员，所以你的评估很可能是错误的。具体地说，你的评估很可能是基于你以往的经验，经验本身就是片面的，只供借鉴和参考用。也正因为如此，具体执行计划的人可能都不清楚详细的质量目标和要求，当然也无法严格执行你的计划，达成你的目标。如果他没有做到，他很可能会说："我都不知道有这些要求，你早说我在设计时就可以提前预防了，现在让我改，项目计划就要延后了，你去和项目经理沟通。"

除非项目团队参与制定和评审过质量计划，否则质量计划是很难保证的。所以，质量计划的首要原则就是让具体执行的人帮助你制订这部分计划。这样，你不仅能够得到他们的支持，而且考虑到所有的细节，这些细节即使你经验丰富很可能也是想不到的。

错误二：形式计划。

在工作中，你会遇到很多人不愿做计划，他们认为与其花时间去做计划，工作可能早就做完了。他们常说的一句话就是："我没时间做计划，工作太多了，我必须马上做完交差。"

然而，这种观点无论怎么看都是错误的，我们自己绝对不能有。工作越多，时间越紧，你就更需要一个好的计划。

有的人接受了你的观点，也拟订了计划，可是他们并没有真正用心去做，纯粹是为了应付工作，胡乱写的，形式主义，这样的计划是没有多大指导意义的，我们一定要避免。

当你拟定好计划后，可以让同行进行评审，给领导进行审核，和项目团队进行跨部门评审，这样的计划才能真正有效，能落到实处，能指导做好质量管理工作。

错误三：太少细节的计划。

很多人计划做完了，发现很难执行下去，其根本原因就是计划太粗糙了，细节太少。

计划不能抓大放小，计划是用来指导我们工作的，所以在一开始工作分解的时候就要不断细化，直到分解为可落实到个人执行的工作任务为止，然后按时间先后顺序进行排列，并明确执行责任人。

计划越细化，就越能得到有效执行和控制。

注意：计划时间不能太多细节，时间单位最小应以天来计算，比天还精确的事你根本无法控制。

错误四：计划没有传达到位。

有的时候，我们把质量计划做完了，然后通过邮箱群发给项目团队，就以为计划已经传达到位了，其实这是错误的，特别是对于这种群发的邮件，很多人习惯性忽略的，这就很容易在执行过程中被疏忽了。

如何确保计划能够传达到位？

计划做完后，我们还需要这样做：

◆ 召集项目团队，开一个质量计划宣讲会，在会上向每个责任人宣讲和解释说明质量计划中的每一条任务，确保正确理解。

◆ 把每个责任人的任务清单单独拆分打印出来，让他们签字确认，并以项目质量任务书的形式下发。

◆ 在执行过程中，每次更新都要单独发送更新后、拆分后的质量计划给到每个责任人。

◆ 在执行过程中，我们要按计划时间提前 2~3 天和责任人确认任务的执行情况，确保落实到位。

错误五：不更新计划。

有的人质量计划做完了，就做完了，执行属于自由发挥，总是问题很多，甚至执行不下去，原因很大可能就是计划发布后，很少更新，甚至从不更新，导致计划和实际不匹配，无法指导实践。

产品研发过程中，计划赶不上变化，不可避免会遇到各种情况导致实际进度和计划出现偏差，原因也是多种多样，比如客户变更了需求、设计有缺陷、物料短缺、风险应对措施失效等，都是产品研发过程中非常常见的。

一旦出现任何变化，质量计划都需要及时更新，并和任务责任人完成确认，确保质量计划得到有效管控。

错误六：不执行计划。

质量计划有了，质量目标/标准有了，风险也得到有效识别了，但问题却仍然层出不穷，根本原因就是项目团队没有按照计划执行，质量人没有按质量计划控制。

还有就是很多人认为做计划是给领导和客户看的，与质量管理的好坏关系不大。认为以前没有计划照样完成任务，自己不需要计划来指导。认为计划做得有问题，不合理也不完善，不能用错误的计划来指导自己的工作。还认为计划变化性大，如果不实时更新，根本就没法按照计划执行。正是因为有这样那样看似合理的理由，所以不执行计划。

所以，我们在"制订 + 执行 + 控制"计划的过程中，要避免这些问题。任何一个质量计划的完成和完善都是一个动态发展的过程，我们不能因为个别人的问题而去否定计划的重要性，坚持下去，落实下去。

错误七：不控制计划。

质量计划有了，并发送给相关责任人了，也和每个人就完成计划事项确认签字了，就以为自己的工作结束了，等着别人按计划去执行和输出结果。我可以很肯定地告诉你，太天真了，结果一定会啪啪打脸，研发质量管理不是这样子做的，这样也是做不好研发质量管理的，根本原因就是缺失了"控制计划"的过程。质量管理要有效，必须"计划 + 执行 + 控制"，少任何一个环节都是不行的，对于我们研发质量管理来说，做好日常质量控制才是我们落实质量管理工作的根本，真正能够让"梦想照进现实"。

4.3.2.5 如何制订质量计划？

制订质量计划前，以下几个概念很重要：

（1）项目计划。

项目计划是质量计划的前提，质量计划依托于项目计划，在时间上要与项目计划时间同步，在内容上是对项目计划内各成员工作任务的输入、工作过程和输出质量的管控，明确了各成员工作任务的质量目标、质量标准、输出文档要求。

注意：在时间同步上建议可以提前 2 ~ 3 天，这样可以把控制做在执行前面，提醒责任人其质量职责，做到预防问题发生。

（2）目标管理。

我们做任何事情之前，都要知道自己做事要达成的目标是什么，目标分几个阶段达成，这样每次做事就有方向，做事的过程中可以不断衡量阶段成果，和目标进行比对，发现问题及时进行调整和解决。如果没有目标，那么你做任何事情都是没有意义的，甚至可能出现做越多，越努力，错得越离谱。我们工作不是去追求那种"忙碌"的感觉，这种自我安慰自我麻痹的思想和认识不能有。

只有清楚知道目标是什么，我们才能以此为基准去评估目标的可行性，存在哪些风险，以及如何应对风险，并制订计划去达成。

（3）需求管理。

产品做再好，没有需求白搭。有需求，没能实现同样无用功。项目相关方很多，需求五花八门，甚至出现矛盾，需求直接会影响产品质量和客户满意程度，所以需要质量人在一开始就主导进行需求管理，应考虑改进的机会，例如，满足顾客期望、降低成本、降低不良率或提高有效性和效率。

（4）过程方法。

过程方法是指系统地管理过程及其相互作用，以实现预期结果。

不知你有没有想过这样一件事情，其实我们做任何事情，都是一个遵循"输入→处理过程→输出"的过程模型。任何一个质量管理的高手，没有什么特别的诀窍，他只是默默通过把控"输入质量""识别和分解做事情的整个处理过程，并在每一个步骤上都做到了完美""输出前提前和输出对象确认其需求和要求，确保过程的输出结果能够让接收方满意"。如果你把这个过程模型想明白了，那么你就掌握了质量管理的核心技能。

（5）风险思维。

基于风险的思维是指用系统的方法（DFMEA 和 PFMEA）评估风险，以便能够提前识别风险并妥善应对。

制订质量计划：

我们制订质量计划的过程应遵循：先完成＋再完善的原则。不要期望一口吃成个胖子，万事俱备，东风也不欠这样的想法是不可取的。

通常对于一个成熟的公司，会有一份质量计划的模板，每个带独立项目的人都可以拿来参考，然后依据各自项目具体的、特殊的情况进行相应调整，这样就可以省去从零开始的工作，大大减少工作量和出现差错，质量计划模板和项目质量计划之间就是普通和特殊、共性和个性的辩证关系，也是理论指导实践的真实反映。你可以直接从第三步开始。

如果你的公司以前从未做过质量计划，一切需要从零开始，那么，我们开始拟定项目研发质量计划：

第 1 步：质量计划的前提准备工作。

✧　确定目标，分解目标。

一个目标不只是模糊的"希望我能"，而是明确的"这是我的奋斗方向"。

计划是为目标服务的，我们做什么事情都要有一个明确的目标，有了明确的目标便会有奋斗的方向，有了方向才需要制订计划，然后实施计划，再对计划实施过程和结果进行评估和判断。包括：法律法规要求、认证要求、专利申请、交期、成本、质量标准、客户需求、风险清单、往期类似项目问题预防、零件承认管理、评审管理、阶段审核管理、文档管理、流程监督管理、产品成熟度评估等。

举例：

你是一个足球教练，今天要去参加一场比赛，你提前做好了各项准备工作和计划，结果当你来到球场，发现球门不见了，这怎么踢比赛，球门是踢球的目标，没有球门就没有目标，没有目标，后面的计划就无法实施，即使踢了球，也没有任何意义，比赛只能取消。

目标也是需要进行分解的，为了要达成主目标常会分解为"次目标"，这样会比较容易完成主目标。许多人会因目标过于远大，或理想太过崇高而放弃，这是很可惜的。若设定"次目标"便可较快获得令人满意的成绩，通过逐步完成"次目标"，主目标总有一天也能完成。

举例：

跑过马拉松，或者看过马拉松比赛的人都知道马拉松比赛很长，有 42.195 公里，组织方会在 5 公里、10 公里、15 公里……30 公里、32 公里、34 公里、35 公里、36 公里……40 公里、41 公里、42 公里设置公里标识牌，告诉每个运动员完成的距离，刚开始间隔比较大，越到后面间隔越短，就是同样的道理，希望让每个参加比赛的人通过逐步完成"次目标"，减少长时间跑步带来的身体和心理的压力，激励完成主目标。

◇　参考项目计划。

质量计划是要跟着项目计划走的，并要与之相匹配，我更建议在参照项目计划时间点时，质量计划的时间点要提前一些，确保在质量计划实施过程中提醒责任人不要忘记了质量计划任务，或发现问题已经发生了，有足够缓冲时间去修改和解决，不要等你去提醒确认时，责任人的工作已经做完了，如果责任人因自身疏忽出现问题，虽然经过提醒发现了问题，后果虽暂未产生，但已经影响计划时间了，提前 2～3 天去确认可避免项目计划的延后。

举例：

项目计划硬件设计评审会在本周四上午 10 点开始，那么质量计划中关于硬件设计责任人相关的质量控制事项需要提前 2 天去提醒，另外也要提醒责任人提前 1 天把评审文件发给评审会参加人员，大家可以提前审查，质量工作不要前面不去预防，到了评审会大家再去找问题，评审会不是用来找问题的，而是应该大家提前发现问题，会议上提出来，责任人回答，或大家一起讨论可行方案，会后责任人更新设计。

◇　质量工作分解

①在做质量工作分解前，你需要重新认识自己的工作，知道自己的工作职责、流程、规范、作业指导等所有内容。还需要认识项目团队其他成员以及项目

相关方希望我们能够做的工作有哪些，全部得到确认。

②深刻认识这些后，再把产品研发质量管理从开始到结束整个流程每个阶段必须要做的工作一项一项都写下来（和项目计划的阶段一一对应起来）。

③把每个阶段每项工作进行一层层细化拆分，直拆到可操作、可执行的任务为止，并确定每个任务由谁来做，明确开始和完成时间（知道先做什么，后做什么，什么可以同时做，时间计划参考项目计划时间）。

④针对目标进行的管理和控制的措施一条一条列出来，和上面有重叠没有关系，合并即可，确保目标得到有效保证和控制。

⑤区分并标识清楚每项任务的重要程度，比如用★表示客户需求，用▲表示风险点，用○表示关键过程，用◎表示特殊过程，用☆表示重要项等，方便责任人执行时识别，也能提醒控制时重点检查和确认，避免我们在研发质量管理过程中忘记那些重要的事情。

⑥写出每项任务控制方法，在实际质量控制过程中，质量人按此控制方法对任务进行检查和确认就能判断结果好坏。这个就像写测试用例一般，测试人员接到某个测试项目，找到对应的测试用例跑一遍就能判断结果好坏。

⑦为避免争议，可以加上参考文件一栏。

举例：

有一个质量目标：产品通话时间大于 15 小时。这个质量目标会影响产品外观设计、电池容量和尺寸、结构摆件等，很容易导致技术人员抱怨和反对，但如果参考文件一栏写着《×××项目客户需求文档_V1.3》，他们就会知道这是客户的需求，而且前期已经经过各方沟通并达成统一意见了，这时候抱怨和反对没有任何意义，按目标执行就行了。

• 还有输出文件和确认结果各一栏。作为责任人执行结果和过程质量控制结果。

• 其他栏目不做强制要求，各公司依据自身项目和质量管理实际情况进行调整，具体情况具体分析。

• 任务责任部门、责任人。每个任务都要明确负责的人，而不是让大家自己去领任务，否则没人会负责。

备注：

◇ 第一次做工作分解结构，可以整个部门一起头脑风暴，以确保不漏掉任何重要的事情。

◇　如果你不会或不知道如何做好分解自己的工作，可以借助 WBS（工作分解结构）工具。

第 2 步：设计质量计划结构。

质量计划的形式和结构不是固定的，可采用适合于满足公司要求的任何结构的质量计划。常用的质量计划结构包括：

◇　"表格"类质量计划，如表 4 - 6 所示。

表 4 - 6　　　　　　　　　　　"表格"类质量计划　　　　　　　表单编号：

基本信息						
项目名称		产品经理		项目质量	拟定日期	
客户名称		项目经理			更新日期	
标示意义	★表示客户需求，▲表示风险点，○表示关键过程，◎表示特殊过程，用☆表示重要项					

质量计划														
阶段	目标	次目标	标示	任务名称	开始时间	结束时间	控制方法	参考文件	责任部门	责任人	输出文件	确认时间	确认结果	备注
概念阶段	质量目标	10 月底客户产品质量验收通过	☆	提交客户整机封样样机和承认书并跟进完成签样	2022/10/25	2022/10/29	整机封样资料内部完成签样	《零件承认管理规范》	质量中心	××××	整机封样资料			
		研发过程产品质量客户零投诉	☆											
		小批量 SMT 生产直通率 >99.9%	☆											
		……												
	法律法规要求	生产许可证		确认证件及有效性	2022/5/22	2022/5/23	盖章复印件存档	《中华人民共和国工业产品生产许可证管理条例》	采购中心	××××	生产许可证盖章复印件	2022/5/23	PASS	
		环保要求	☆											
		……												
	认证要求	CCC 认证	☆											
		无委认证	☆											
		入网认证	☆											
		能效标识	☆											
		……												

续表

阶段	目标	次目标	标示	任务名称	开始时间	结束时间	控制方法	参考文件	责任部门	责任人	输出文件	确认时间	确认结果	备注
概念阶段	专利申请要求	外观专利	☆											
		××新功能专利	☆											
		……												
	客户需求	操作系统选用 Linux	★											
		5G 芯片选用国产	★											
		万级无尘车间	★											
		……												
	质量标准	硬件测试标准												
		软件测试标准												
		可靠性测试标准												
		外观检验标准												
		……												
	项目风险													
	过往经验借鉴													
	……													

					质量计划									
阶段	目标	次目标	标示	任务名称	开始时间	结束时间	控制方法	参考文件	责任部门	责任人	输出文件	确认时间	确认结果	备注
计划阶段														
开发阶段														
验证阶段														
发布阶段														

◆　"文字"类质量计划。

◆　"流程图"类质量计划。

◆　文字、表格、流程图相互组合形式类质量计划。

具体选择哪一种，没有统一标准，哪种适合哪种方便使用选哪种，也不一定是全过程一张表，可以针对特定过程、事项单独设计质量计划进行管理，比如零件承认计划。

以上质量计划结构仅供参考，各公司可以依据各自产品研发过程实际情况进行取舍，适合自己的才是最好的。

第 3 步：收集质量计划的输入资料。

走完上面两步，你已经可以制订出一份初步完整的质量计划了，依据当前项目具体情况，收集所有项目质量计划相关的输入资料，包括：

①项目相关的法律法规、国家标准、行业规范；

②项目相关的产品认证要求；

③项目专利申请相关事宜；

④客户需求、其他相关方需求；

⑤产品质量目标和质量标准；

⑥项目可行性和风险评估报告；

⑦类似项目过往经验；

⑧项目计划、产品规格书；

⑨其他项目质量计划；

⑩质量管理体系要求；

⑪质量计划相关的文件资料，比如法律法规、国家标准、行业规范、认证文档、认证申请流程 & 提交材料、专利申请流程 & 提交材料、客户需求、质量标准等。

第4步：确定质量计划的范围。

确定质量计划覆盖的范围，范围代表什么呢？就是指那些你想要做的事情，你想要进行的一系列活动，尽量少参与或不参与不是自己职责范围内的工作，质量计划的范围取决于若干因素，包括：

①顾客和其他有关相关方的需求管理；

②风险管理；

③法律法规、国家标准、行业规范、产品认证、专利申请等的管理；

④产品研发过程；

⑤阶段审核管理；

⑥评审管理；

⑦样机管理；

⑧测试管理；

⑨问题管理；

⑩试产管理；

⑪零件承认管理；

⑫设计变更管理；

⑬文档管理；

⑭客诉管理。

公司不同，研发质量管理岗位的职责也会各不相同，我们在制订质量计划前完成确认，职责清晰有利于各自承担各自工作，减少不必要的争执和权力空白。

第 5 步：确定质量计划的质量目标。

确定质量计划需达成的目标，质量计划的目标取决于若干因素，包括：

①法律法规、国家标准、行业规范的要求；

②客户的需求和其他相关方的需求；

③产品认证要求；

④产品专利申请要求；

⑤风险管理要求；

⑥公司内部标准；

⑦质量管理体系的流程、文件管理、文件归档等要求；

⑧设计要求；

⑨样机要求；

⑩零件承认要求；

⑪可测试性要求；

⑫可制造性要求；

⑬可维修要求；

⑭与竞品比较；

⑮对供方的要求；

⑯包装、运输、标识和可追溯要求；

⑰存储要求；

⑱生产直通率要求；

⑲产品验收要求；

⑳产品开箱不良率要求；

㉑售后故障率要求；

㉒不合格品处理要求；

……

这些目标通常还需要进一步分解为"次目标""次次目标"，因为同一目标的实现需要不同的人共同合作才能完成，每个人都会有自己的目标——次目标，另外大的目标可能需要跨越多个阶段，通过目标分解，通过次目标的完成，逐步实现最终目标的达成，更具可操作性。

第 6 步：编制质量计划。

依据公司实际情况，明确研发质量管理工作职责和内容，确定质量计划结构，汇总、整理和分析质量计划输入资料，然后将内容按产品研发阶段整合输入，形成完整的项目研发质量计划。

第7步：质量计划的评审和宣导。

质量计划完成后，应对质量计划的充分性和有效性进行评审。

首先提交上级主管审核，确认有无明显问题，审核通过后，发送给部门内部，并组织同行评审，同行评审通过后，发送给项目团队进行跨行评审，并在评审过程中进行宣导和确认。

评审通过后质量计划正式发布。

注意：

◇ 给跨部门人员发送质量计划时，并不是只发送完整的质量计划内容，还需要按不同责任人把其相对应的任务清单单列出来，方便其审核和确认。

◇ 评审结束，问题修改完成后，需要将各责任人负责任务清单单列打印出来，作为项目质量任务书下达，并要求其签字确认。

第8步：质量计划的执行和控制。

我们质量人对产品研发过程进行管控，能不能管理好项目，很大程度上取决于这个阶段的工作做得好不好，所以务必要特别认真去对待，而不是想当然认为计划已经发给每个责任人了，他们也签字确认了，做不做，做得好不好那是他们的事情，我们只要等着拿结果就可以了，一定不要有这种"等、靠、要"的想法和心态。

计划的实施和控制是两个过程。实施通常由责任人按照计划要求展开，不一定是质量人自己，项目团队任何人都有可能。控制则通常由质量人独自承担，即参照计划时间和控制方法在计划实施前进行提醒预防，确保责任人不会遗漏。接着对计划实施过程进行监控，确保符合流程和规范等要求，并对实施结果进行检查，确保结果符合目标要求。

在这个过程中质量计划不是一成不变的，任何项目变更都有可能导致质量计划变动，比如项目计划有更新、项目范围有调整、客户需求有增减、发现新的风险点等。这时候我们就需要实时更新质量计划，确保计划和当前项目实际状态是同步符合的，避免一步错，步步错。还有一种情况是在计划执行和控制过程中，发现目标、控制方法等有错误或有可以改进的地方，可以及时在部门内部或向项目团队提出问题和改进建议，大家共同评估确认后更新质量计划。

第 9 步：质量计划的总结。

质量计划总结不一定要在项目结束后才去做，任何时候发现问题，或找到更好的方法，都应该及时记录下来。

并不一定局限于计划本身的内容，还可以是针对计划外的，比如客户提出了新的需求导致计划要变更，我们就要思考，当时和客户沟通需求时，为什么客户没有提出来，或者我们自己想到没有，为什么没有引导客户去思考，需要对《客户需求沟通话题 Checklist》进行更新。

总结不是对质量计划简单记录问题、提出改善措施，而是对整个项目实施过程进行复盘，回顾"目标＋计划＋执行＋控制"各个环节，公司质量管理体系哪里做得好，哪里做得不好；自己哪里做得好，哪里做得不好；计划哪里做得好，哪里做得不好；项目团队哪里做得好，哪里做得不好；其他利益相关方哪里做得好，哪里做得不好。

好的要保留，不好的要改进，形成闭环。

4.3.2.6　需注意的问题

我们使用质量计划进行管理，很多人都会担心项目团队不配合、不支持我们的工作，其实有这样的担心是很正常的，也是很常见的，那怎么消除呢？只需做到两点：

（1）让别人看到你的专业性；

（2）让别人感受到你的工作是有价值的，对他们的工作是有帮助的。

一方面，专业会给你带来权威和信心，别人也会更加尊重你，进而配合你的工作；另一方面，因为你的专业，你做的工作就是有价值的，对自己、对别人、对客户、对公司都是有价值的，这是任何人都能直观感受到的。很多时候我们被人质疑，就是因为别人觉得我们的工作意义不大，对他们没有帮助，反而干扰到他们正常工作了。

这两点不仅适用于质量计划开展过程中，对于整个研发质量管理过程中都适用。

质量计划每个责任人都会签字确认，但是要注意，很多人在签字时都只是确认这个任务和目标是不是归他的，时间给的够不够，至于质量人使用的控制方法和输出文件要求，他们并不一定会认真看，这就很容易给后续执行过程监控和输出结果确认埋下隐患。到时候发现问题后他们会不认，觉得我们太较真和吹毛求疵。所以，我们一开始在做质量计划宣传时，对控制方法也要讲解清楚，并和责任人进行口头确认，得到对方认可，结束后把输出文件模板发给各个责任人参考，这样就可以避免后续一系列问题。

有的质量目标是无法定量的，只能定性判断，比如外观材质、图案和配色，一般很难用量化的标准去确定。针对这样的目标，要在一开始就确定谁是能够最终拍板的人，然后提前沟通需求，告知可以有哪几种配色和工艺，以及各自优缺点，最后拿样板说话，这样更有说服力。决策人初步选定方案后，再打样评估和修改，最终实物封样。针对这种定性的目标，我们质量人一定不要自己判断是否合格，除非有实物封样，否则很容易出现争议和否决，导致前期工作浪费，又要重新开始。对这种错误的纠正越早越好，因为纠正前一步错误的成本会比纠正当前错误增加 10 倍成本，就是说成本会由 1 到 10、100、1000，等等，越往后成本越高。

4.3.2.7 操作建议

制订质量计划时必须明确谁、做什么、什么时间做、如何做、以及做到什么程度，操作建议如下：

✧ 做什么？比如：零件承认管理，这是要做的质量管理工作，也是要实现的目标。

零件承认管理需要做什么？列出需要承认的新零件清单、准备零件承认计划、通知供应商准备样品和规格书、研发生产验证、研发样品测试、样机测试、来料检验、小批量验证、小批量样机测试、通知供应商准备封样品和承认书、封样品和承认书签样、归档和分发，这些都是零件承认管理要完成的主要任务。

✧ 每项任务由谁来做？技术人员设计选型并列出需要承认的新零件清单、质量人编制零件承认计划、采购人员通知供应商准备样品和规格书、研发样品测试、项目团队研发试产、研发和测试人员样机测试、质量人主导临时封样、IQC来料检验、项目团队小批量验证、测试人员小批量样机测试、采购通知供应商准备封样品和承认书、质量人主导签样、DCC 归档和分发，零件承认结束，这是分配各自的责任和角色。

✧ 每项任务如何做？质量计划并不体现责任人如何做自己的工作，这里的如何做讲的是质量人针对每项任务的"控制方法"，比如 IQC 来料检验，质量人通过确认零件规格书、零件检验标准、零件检验流程、零件检验作业指导书和零件检验报告，就能判断 IQC 是否有能力做好来料检验质量把关工作。

◇ 每项任务要花多少时间？这部分内容参考项目计划，如果有的任务因为分解后项目计划中没有对应，可以和责任人沟通，由他们自己给出时间计划。比如研发样品测试，项目计划通常不会针对特定某一颗或几颗零件测试给出具体时间，这时候就需要我们质量人和责任人进行沟通，由责任人依据研发计划，给出更加细化的样品测试时间安排。

◇ 做到什么程度？即每项任务输出什么，输出尽量可视化，比如新零件承认清单、新零件承认计划、实物样品、新零件测试报告、零件规格书等，通过对输出文件的审核，判断每个任务完成情况及目标达成情况。

4.3.3 问题管理

问题的本质是期望与现状的差异。

我们常见的问题通常分为三类：防范潜在型、恢复原状型和追求理想型，如图 4-3 所示。

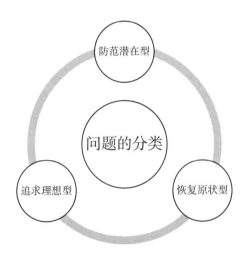

图 4-3 问题的分类

这里说的"问题管理"主要针对恢复原状型问题进行管理，防范潜在型问题在风险评估时进行管理，追求理想型问题在质量总结和持续改进时进行管理。

我们做研发质量管理，很大一部分精力会被用来处理研发过程中遇到的各式各样的问题，如果你没有掌握一套正确处理问题的步骤，想怎么处理就怎么处理、经验主义、教条主义、看人下菜、随心情等，这些都是错误的，不可取的，如果你还认为自己没错，那你肯定是做不好研发质量管理工作的。

问题可以各不相同，但是我们管理问题的思想、过程和方法可以是有技巧和章法的，通常我们是这样做的：

第1步：先处理情绪，调整心态。

我们每个人每天都会遇到各式各样的问题，有问题总归不是什么好事，必然会导致情绪波动，这都是很正常的。但在实际研发过程中，你会发现，有人一遇到问题，情绪就起来，心态就失衡，然后以这种状态去处理问题，就会发现事情变得越来越糟，直到失控。

所以，要想处理好问题，第1步就是要先处理情绪，调整心态。要认识到问题已经发生了，这个时候最重要的是尽快把问题解决掉，或减小问题影响的范围，而不是自己先发一通脾气，然后把手下员工骂一顿，再威胁找到责任人一定要重罚。设身处地想一想，如果你是问题相关人员，或问题责任人，遇到这种情况会怎么应对，很显然就是想尽办法撇清关系，实在撇不清，就拖着呗，结果就是问题处理过程阻碍重重，费时费力，问题有可能到最后也分不清根本原因是什么，谁是真正的责任人，以后遇到类似问题，依然会重复发生，让人一声叹息。

所以，我通常的做法是聚焦在问题上，没有情绪，或即使有情绪，也不会表现出来，把问题了解清楚后召集相关人员开会。首先通报问题，明确处理的主导人，然后强调问题的严重程度和紧急程度，让每个人有紧迫感；接着向大家说清楚，我们的目标是共同合作尽快去解决问题，而不是借此去处罚谁，或罚谁的款，卸下大家的心理负担和担忧；然后明确期望达成的目标和截止时间，同时会叮嘱大家，也不要太着急，认真一些、仔细一点，确保找到问题的根源，彻底解决，一劳永逸。

第2步：找到真正问题，并评估风险。

假象无穷多，真相只有一个，方向错，越努力离目标越远。

所以，当我们收到问题反馈或发现问题以后，不要急着去思考解决方案，而应该第一时间去到问题现场做好调查研究，收集问题现象和数据，记录问题发生环境和条件，再复现问题，掌握问题现状。

依据问题现象，可以依据经验大致分析和判断出问题原因，召集相关人员共同讨论，在正式界定问题前，一定要多问几个"为什么"，消除各种疑问和不确定性，找出真正要解决的问题是什么，再对其进行分类，很多时候，当调查研究结束，答案基本已经浮出水面了，问题也已经解决一半了。

依据实际情况，评估风险，判断是否需要提供临时措施，以避免客户抱怨、问题影响范围扩大等情况。

第 3 步：确定责任人，分析原因和采取应对方案。

在问题分析会上，质量人要说清楚问题的严重程度，以及能接受的情况是怎样的，截止时间是什么时候，并明确质量要求和标准，然后由责任人提问，初步分析各种可能原因，并分别提出应对措施、所需资源和其他部门配合事宜，比如需要多少台样机，需要客户提供问题机器，需要测试抓取 bug 日志，需要配置服务器升级等。

接着准备行动计划，进行工作任务分配，明确完成时间，然后各自回去准备和落实。

问题分析过程，质量人可以使用一些工具，比如：假设思考、头脑风暴法、逻辑树、鱼骨图、5Why、6W3H、PDCA、8D 报告、矛盾法则等。可以显著提高问题处理效率和效果。

第 4 步：确定根本原因，评估和验证最终解决方案。

我们跟进问题处理过程，通过尝试和试验验证，此时基本可以确定问题的根本原因了，最终解决方案也基本有了，再次召集大家针对根本原因和最终解决方案进行评估，一起确认思路和方向对不对，最终解决方案是否可行，是否需要调整，确定后开展验证有效性。

第 5 步：解决问题，并防止再次发生。

验证结果出来后，确认问题是否关闭，确认可行则拟订解决方案导入计划，并监督方案落地。

接着还需思考未来如何防范类似问题再次发生，更新设计规范、设计评审 Checklist、更换供应商等。公司有没有类似项目正在进行中，给他们发出预警，助力提前规避风险。

质量人主导整个问题管理过程，需要实时更新《问题管理表》，并同步给到项目团队，针对责任人，还需要从问题管理表中单独提取其负责问题清单，并单独发给他，确保其了解清楚。

针对重要问题，比如客诉。质量人需要将处理过程全程同步给到客户（每天），避免公司内部忙得热火朝天，风风火火，客户却不知道，还以为我们不重视，不断向上投诉，导致双方产生不必要的误解和麻烦。

重大解决问题后，需要单独拟定问题处理报告，内部审批后，提交公司归档和外发客户。

4.3.4 变更管理

我们做产品研发，变更是非常常见的，但如果管理不好，也是非常容易出现问题的，所以要想做好研发质量管理，做好变更管理是很重要的。

大家想一想，如果项目团队任何一个成员做了变更，没有告诉大家或只告诉一部分人（不包括质量人），没有走变更流程，一旦后续出现问题，大家都会莫名其妙，不知道哪里出了问题，严重影响问题定位和分析，也耽误项目计划，损失已经产生。

同时，大家也要清楚，并不是整个研发过程任何时候有变更都要做变更管理的，通常只有在 PVT 阶段准入后出现的变更才需要进行变更管理。因为只有 PVT 准入申请通过了，才正式宣告设计已经定型了，原则上如果没有新问题，或提出新需求，且涉及需要修改设计，设计图纸是不允许变更的。此时任何修改都必须走变更流程，以确保变更过程得到有效管控，规避前端已进行了变更，而后端不清楚，造成前后不一致导致的一连串问题发生，影响产品质量和客户满意。

变更没有得到有效管理常见影响和问题包括：

◇ 几乎所有变更都会导致计划延期、成本上升；

◇ 软件工程师变更了没有说，测试没有进行全面测试，导致软件版本异常发布，存在软件失效风险；

◇ 硬件工程师变更了没有说，测试没有进行全面测试，采购使用旧 BOM 出现错误采购，供应商生产错误；

◇ 结构工程师变更了没有说，直接告知模具厂更新图纸，IQC 来料检验拒收，工厂旧料库存没有封存，错误使用；

◇ 供应商物料变更了没有说，物料批次一致性错误，影响来料检验、生产入库和产品质量；

◇ 客户需求变更，产生额外成本没有告知客户和销售，导致公司成本上升、利润下降；

◇ 变更通知单漏发了某个部门，出现执行漏洞。

为避免这些情况出现，我们质量人就需要在产品设计定型前尽可能做好各项工作，避免在设计定型后生产、测试时出现设计问题和客户还提出新需求等。

要和项目团队特别强调，PVT 阶段准入后，出现任何设计修改，必须知会我们知道，并提交《设计变更申请表》，召集变更评审会，说清楚变更原因，由项目团队共同评估变更风险后确认是否同意变更。

举例：

如果涉及模具设计变更：

一开始就确认必须知会哪些部门知晓，避免疏漏，同时通知这些部门人员参加变更评审会，确认各自工作任务。

设计修改人员需要提出零件新料号申请。

供应商端、工厂端需要盘点库存和在线品，包括是否有在途品，都需要标识后封存。

修模需要多少时间，要更新项目计划。

会产生多少额外成本，需要统计清楚，谁承担此次变更费用需要明确。

变更会不会影响原有设计，相关人员确认清楚。

变更还会产生哪些风险，应对解决方案是怎样的，需要明确说清楚。

因为会涉及项目计划延期和产生额外费用，需要提报公司领导审批，只有审批通过后才能执行变更动作，否则保持设计不变。

审批通过后，以《变更通知单》形式发送所有相关人员知晓和执行。

研发质量人在变更管理过程中要做的工作包括：

◇　参与变更评审会，评估质量问题和风险；

◇　监督评审会实施过程是否符合评审管理规范和流程；

◇　审核各相关部门工作是否正确，是否有疏漏；

◇　监督和确保变更过程符合变更管理规范和流程；

◇　监督各部门实施变更；

◇　对变更结果进行验证和确认，确保达成变更目的；

◇　变更结束后，审核变更相关文档归档；

◇　总结变更原因，未来类似情况能否在设计定型前考虑到，并提前做好预防工作，避免变更发生。

4.3.5　流程执行监督

流程也叫过程，是一组将输入转化为输出的相互关联或相互作用的活动。

举例：

产品研发流程、硬件设计工作流程、评审流程、测试流程等。

流程不是解决为什么而做、为什么这样做而不那样做的问题，而是解决怎么做、不会做的问题。

流程就是做事方法和步骤，就是将一次次成功业务活动经验的成功复制，都有一个"先做什么，接着做什么，最后做什么"的先后顺序，不仅包括先后顺序，还包括对输入、输出的管理、做事的内容和需要哪些资源投入。

通过对项目团队工作流程的监督，确保其工作过程符合流程要求，就能保证其工作质量，结果是过程的输出，过程有保障，结果就有了保障。

研发质量人在流程执行监督过程中要做的工作包括：

◇　参照项目计划，了解清楚须监督工作任务执行时间计划；

◇　提前和责任人确认，告知其这项任务相关的客户需求、风险点、质量目标等要求是什么，同时了解他对工作任务输入的要求是怎样的；

◇　通过文档质量管理、或审核、评审、审查、审批等手段保证流程的输入符合其要求；

◇　过程都是环环相扣的，你的输出就是下一环节的输入，提前和这项工作任务输出的下一环节接收方了解其对输入的要求是怎样的；

◇　通过审核输出是否符合下一环节输入要求，就能判定其质量高低。

4.3.6　持续改进和标准化

4.3.6.1　持续改进

我们做质量的，持续改进一定是非常耳熟的，我们工作一个很重要的职责就是不断完善自己的工作，完善别人的工作，减少问题的发生，降低风险的影响，提升体系、工作、过程和产品的质量，提升客户的满意度等。说白了，这些工作都是持续改进的范畴之内的。

什么是持续改进？

ISO 定义：持续改进是注重通过不断地提高企业管理的效率和有效性，实现其质量方针和目标的方法。

即增强满足要求的能力的循环活动，是一种永远也没有止境的改进过程。

为什么要做持续改进？

持续改进本身就是我们质量人的本职工作，在我们日常工作过程中，通过问题分析、数据分析、检查、审核、评审等活动发现质量管理体系、工作、过程、产品等存在不同程度的缺陷和潜在风险。为了消除这种缺陷和风险，我们质量人就需要站出来，提出改进目标，制订改进计划，获得审批后跟进计划实施，最终落实到质量管理体系书面文件上。

研发质量人在持续改进过程中要做的工作包括：

✧　在产品研发过程中注意发现、收集并记录需要改进的事项；

✧　向主管提出改进建议和改进目标，并说明原因；

✧　主管审批通过后，召集相关人员共同讨论，梳理并分解各项工作任务，制订改进计划并明确责任人，计划实施，检查实施效果，并标准化处理。

4.3.6.2　标准化

我们做质量管理，很重要的一项工作内容就是要减小过程的波动和差异，确保输出结果的确定性、稳定性和一致性，怎样才能做到呢？

就是"标准化"。

所以，标准化，这是我们做好研发质量管理必须了解的活动内容，不管你做了多少质量管理工作，也不论你个人能力有多强，质量管理一旦少了标准化这项工作，公司的质量管理水平是不会高的，给人的感觉也是没有确定性，如果把项目交给你们公司，多少让人不放心。

什么是标准化？

标准化是一种活动。国家标准 GB/T 3951—83 对标准化下的定义是："在经济、技术、科学及管理等社会实践中，对重复性事物和概念，通过制定、发布和实施标准，达到统一，以获得最佳秩序和社会效益。"

公司标准化是以获得公司的最佳生产经营秩序和经济效益为目标，对公司生产经营活动范围内的重复性事物和概念，以制定和实施公司标准，以及贯彻实施相关的国家、行业、地方标准等为主要内容的过程。

为什么要做标准化？

没有规矩不成方圆，在公司经营活动过程中，通常只有极少数岗位的工作是不可量化的，或是经常需要创新的，绝大多数人的工作都是可重复的。如果这些绝大多数的工作没有做好标准化，就很容易出现各自为战、千人千面的结果。不仅结果不可预测，工作质量也会参差不齐，甚至错误百出。为了提高工作效率，保证工作过程和产品/服务的一致性和高质量，我们就可以通过将重复性的工作步骤形成文档记录下来，然后提供给相关人员进行培训，确保未来不论谁来做，只要按照标准化后的文档一步一步操作，最终其工作结果输出一定是有质量保证的，不会出现不可预知的情况，同时标准化工作也为未来发展与改进提供了基础。

公司标准化工作做得好坏与否是观察公司管理水平非常重要的一个维度，在我们产品研发早期物料选型阶段导入新供应商时需要特别审查。

研发质量人在标准化过程中要做的工作包括：

◇ 我们制定的，持续改进的质量管理体系中的制度、过程、计划、规范、流程、标准、操作指导书等都是标准化的活动；

◇ 零件承认管理也是标准化的过程，承认过后的零件可以在不同项目中通用；

◇ 硬件设计、软件设计、UI 设计等中的某些功能模块，只要有多个项目共同使用，就可以提出标准化设计要求；

◇ 设计评审过程，确认是否使用标准化零件、设计是确保研发质量的基本要求；

◇ Checklist 就是标准化很好的体现；

◇ 我们在产品研发质量管理过程中使用到的好的工具、思路、方法、案例等也可以标准化下来，未来在其他项目上同样可以使用；

◇ 只要未来大概率会重复使用的活动，都可以考虑标准化。

第5章

研发质量管理实践之旅

产品研发质量管理涉及方方面面的工作，经过前面理论学习，然后在实际工作中去摸着石头过河，学习成本依然会非常高，效果也很差。但是每个公司实际情况又是各不相同的，差异也非常大，不可能有一种万能方法可以适用所有产品研发质量管理，依然需要具体情况具体分析。理论通用性和适用性确实很强，但通常不够直观，每个人的理解也有差异，所以我们设计了这次"产品研发质量管理实践之旅"，让你即使是个新人，也能直观体验一次完整的产品研发过程，知道研发质量管理工作是怎么做的。

不是教你如何做研发质量管理，而是一次产品研发质量管理实践之旅。我们带着你，亲身观摩和体验一番我们是如何开展产品研发质量管理工作的，以及在这个过程中我们的所思所想，以此希望能够给你带来一些思路和启示，助力你能够更好理解和解决好自己在研发质量管理工作过程中遇到的各类事情和问题。

项目背景：客户计划公开向我司采购1000万台定制终端产品。

公司目标：按客户招标要求完成项目定制开发，产品质量通过客户测试验收。

202×年某一天，销售老总带回消息，大客户A今年预算有2000万台终端产品采购需求，我司拿到了50%的份额。

当天，公司管理层就做出决策，马上成立"×××客户项目团队"，并任命项目总负责人：副总经理。成立项目团队，立即开始准备产品规划、立项和开发工作。

第二天，副总经理召集项目团队开"项目启动会议"，我被指定负责产品研发质量管理工作。

5.1 产品研发质量管理准备阶段工作

做研发质量管理，我不知道你们有没有自己的核心价值观，我的核心价值观："不能出问题"。

5.1.1 客户及其产品信息调查研究

接到任务后，我首先思考了一下，梳理接下去要做哪些事情，并列了一个待办事项清单：

□ 和常务副总经理去聊一下，了解公司和他是怎么看待这个客户和这个项目的，对质量的期待和要求是什么。

□ 和销售去聊一下，了解客户现在和我们是什么关系，有哪些信息需要质量特别注意，客户招标计划是怎样的，产品销售目标市场是怎样的。

□ 和产品经理去聊一下，了解客户及其产品需求信息，使用场景是怎样的，会有哪些新功能/新技术，产品的亮点有哪些，对标产品是哪个？竞品有哪些？

□ 收集客户及其产品信息，了解客户及其产品行业口碑，了解友商/竞争对手/供应商/终端用户对客户及其产品的评价。

□ 竞品采购，准备竞品测试、体验和评价。

□ 收集客户历次招标信息（标书、招标公司）、投标厂家名单、中标厂家名单、中标入围价格等信息。

□ 已入围厂家客户后评估信息。

这些信息没有什么特别的格式要求，就是尽可能从实际出发，调查研究客户及其产品信息，为后续研发质量管理工作顺利开展提供参考。

5.1.2 研发质量管理准备工作

公司会有很多现成的研发质量管理资料和模板供新产品研发质量管理借鉴和

参考，我梳理后输出以下信息，这些信息会在后续研发过程持续更新：

◇　梳理产品研发质量管理各阶段工作任务。

◇　质量计划模板，包含：评审管理计划、客户质量计划、研发质量计划、生产质量计划。

◇　客户沟通话题 Checklist。

◇　供应商质量审核 Checklist。

◇　研发过程各阶段质量审核 Checklist，包含：概念阶段质量审核 Checklist，计划阶段质量审核 Checklist，开发阶段质量审核 Checklist，验证阶段质量审核 Checklist，发布阶段质量审核 Checklist。

◇　所有新零件检验标准。

◇　产品 SN 号、铭牌、贴纸、丝印、包装印刷、说明书、用户使用操作指导书等要求。

◇　整机验收 Checklist，包含：文档与认证验收 Checklist、硬件验收 Checklist、软件与平台验收 Checklist、可靠性验收 Checklist、PCBA/整机外观与结构验收 Checklist，包材与配件验收 Checklist 等。

◇　新产品出货 QA 工作流程，新产品出货 QA 操作指导书，新产品出货验收报告等。

◇　新产品整机出货质量验收标准，如表 5 - 1 所示。

表 5 - 1　　　　　　　　　整机出货质量验收标准　　　　　　表单编号：

生产工厂：		机型：	验收日期：			验收人员：			
检验环境要求：									
环境温度：20℃ ±10℃ 环境湿度：30% ~70% 视距：30cm ±5cm 视角：45° ±10°									
序号	检验项目	检验工具	检验方法	检验步骤及评判标准	缺陷等级			检验结论		不良现象描述
					CR	MA	MI	OK	NG	
一、产品功能测试										

续表

序号	检验项目	检验工具	检验方法	检验步骤及评判标准	缺陷等级			检验结论		不良现象描述
					CR	MA	MI	OK	NG	
二、整机外观检查										
三、配件										
四、包装项目										
五、专项检测项目										
六、特殊工艺及要求										

5.2 项目概念阶段过程和研发质量管理工作

这个阶段公司依据客户需求和市场发展趋势准备新产品规划相关工作，通常先成立临时项目团队，主要的工作是客户需求管理、产品规划、系统设计、可行性分析、风险评估、初步设计等。

研发质量管理工作也同步启动，这个阶段我的工作重点会放在"质量策划"上面。

5.2.1　拟订评审管理计划

在整个产品研发过程中，评审工作贯穿始终，而且评审工作基本以公司内部实施为主，目的就是保障产品研发过程顺利进行，降低产品研发风险。

所以，在项目正式立项之前，我就需要输出《评审管理计划》，如表 5 -2 所示。

表 5 -2　　　　　　　　　　　　**评审管理计划**　　　　　　　表单编号：

基本信息

项目名称		产品经理		研发质量		拟定日期	
客户名称		项目经理				更新日期	

阶段	评审名称	主导部门	评审形式	评审启动条件	参与人	输出文件	确认时间	确认结果
概念阶段	评审管理计划评审							
	客户质量计划评审							
	客户需求/期望评审							
	客户文档评审							
	平台方案 & 关键物料选型评审							
	产品定义评审							
	技术可行性分析							
	系统设计评审							
	初步开发计划评审							
	风险评估							
	草图评审							
	2D 方案可行性评估							
	3D 图纸评审							
	Mockup 评审							
	堆叠评审							
	3D 结构评审							
	客户商务合同/质量协议/保密协议/售后协议等评审							
	计划阶段准入审核							
	概念决策评审							

续表

阶段	评审名称	主导部门	评审形式	评审启动条件	参与人	输出文件	确认时间	确认结果
计划阶段	项目计划评审							
	研发质量计划评审							
	生产质量计划评审							
	立项评审							
	开发阶段准入审核							
	计划决策评审							
开发阶段	软件、硬件、结构、堆叠、ID、UI、包材详细设计评审							
	测试方案和测试用例设计评审							
	BOM 评审							
	配件设计评审							
	开模评审							
	PCB Layout 设计评审							
	CNC 壳体评审							
	DVT 阶段准入审核							
	原型机评审							
	改板/改版评审							
	修模评审							
	改板样机评审							
	生产软件版本发布评审							
	质量检验标准评审							
	PVT 阶段准入审核							
验证阶段	发布阶段准入审核							
	发布决策评审							
发布阶段	发布阶段审核							
	退市决策评审							

此计划针对产品研发过程各个阶段的评审工作进行管理，包括客户需求评审、各决策评审、各技术评审和各阶段质量审核等所有各部门同行评审和跨部门跨行评审工作，评审工作结果的好坏在很大程度上可以决定研发质量，需要特别重视，确保每次评审工作的质量。

拟定《评审管理计划》是不需要从零开始的，公司会有一份基准模板，这是公司依据自身产品类别，以及大量产品研发过程中逐步积累完善后形成的，新项目可以直接拿来用，然后针对实际项目情况进行相应裁剪，以适合当前项目使用。如果你的公司还没有这样一份基准模板，建议你可以和公司各个部门负责人进行沟通，帮助他们一起把各自部门评审工作梳理出来，形成文档，一开始要求不需要太高，先解决从 0 到 1 的过程，然后在产品研发过程中逐步调整和完善。

作为一个质量人，如果你能规范和做好评审管理的工作，产品研发质量管理工作就已经做好了一半，而且还不需要自己出太大力气，属于借力打力的高招，一定要管理好。

5.2.2　拟订客户质量计划

做任何项目，最终目标都是：向客户提供满意的产品和服务。

没有客户会接受质量不好的产品和服务，所以为确保让客户满意，在项目正式开始前，要先规划好与客户质量需求相关的工作，了解清楚客户对于质量的需求、要求和目标，然后我会输出客户质量计划，如表 5 - 3 所示。

表 5 - 3　　　　　　　　　　客户质量计划　　　　　　表单编号：

过程名	子过程	关键作业内容	支持流程、程序	责任人	主要输出（文件、记录）
质量窗口对接 建立质量档案 客户信息收集	客户通信录				
	为客户建立质量档案				
	协议文件问询				
	测试标准问询				
	检验标准问询				
	流程要求问询				
	认证要求问询				
	客户审厂计划问询				
	产品服务与技术支持				
	其他要求问询				
客户审厂准备 客户审厂 改善 改善结果客户确认	与客户确认具体稽核计划				
	客户审厂信息公布				
	客户审厂接待计划确定				
	客户审厂准备工作确认				
	陪审体系并记录问题				

续表

过程名	子过程	关键作业内容	支持流程、程序	责任人	主要输出（文件、记录）
客户审厂准备 客户审厂 改善 改善结果客户确认	陪审贴片厂并记录问题				
	陪审加工厂稽核并记录问题				
	陪审产品稽核并记录问题				
	问题汇总及总结会议				
	跟进改善进度与结果				
	反馈给客户并取得批准				
客户文件评审 内部统一意见 客户确认 需求统一	研发质量协议审阅和评估、内部沟通				
	客户售后协议审阅和评估、内部沟通				
	研发质量标准审阅和评估、内部沟通				
	评审结果整理与反馈至客户				
	与客户沟通统一				
	统一结果确认公布				
客户文件分类 并归档	客户原始文件归档				
	统一后质量协议文件归档				
	研发质量档案维护更新				
客户要求内部 发布与交接	统一后标准公布				
	统一后项目流程要求公布				
	统一后其他客户要求公布				
	注意事项/备忘录公布				
	研发质量档案共享				

5.2.3　拜访客户

拜访客户是基本操作，也是非常重要的任务，目的就是相互认识一下，建立感情链接，为后面项目正式开展打下基础。同时，通过拜访客户，面对面的沟通会比任何其他方式（比如邮件、电话、微信等）更加高效和有效。通过拜访，也能让客户看到公司对他们和项目的重视和诚意，有利于双方合作。

很快，公司副总经理亲自安排了计划，由销售带队去拜访客户，和客户建立对接渠道。

在出发前,我需要提前确认以下三项工作是否完成:

(1) 项目团队接口表(见表 5 - 4)和项目团队人员职责表(见表 5 - 5)。

表 5 - 4　　　　　　　　　　　　　项目团队接口表　　　　　　　　表单编号:

客户				公司			
职责	接口人	联系方式		职责	接口人	联系方式	
		E - mail	电话			E - mail	电话
				研发质量经理			

表 5 - 5　　　　　　　　　　　　　项目团队人员职责表　　　　　　　　表单编号:

接口人	职责	工作内容
	副总经理	把握项目总体运行情况和重大决策
	研发副总	技术方向性把握和技术体系结构的决策
	销售经理	产品销售,订单跟进,与客户关系合作和协调,跟进回款
	产品经理	负责拟定产品路线图,新产品芯片平台选择,新产品规划和产品生命周期管理
	项目经理	项目总协调人,主要负责产品研发进度管理、成本管理、沟通管理等
	研发质量经理	负责产品研发过程质量策划、质量保证、质量控制和质量改进工作
	ID 工程师	依据产品规格书、客户需求、技术规范和质量要求,完成外观设计开发,材质选择,产品配色等,分析和处理产品 ID 相关技术问题
	硬件工程师	依据产品规格书、客户需求、技术规范和质量要求,完成硬件设计开发、调试和技术支持等,分析和处理产品硬件相关技术问题
	软件工程师	依据产品规格书、客户需求、技术规范和质量要求,完成软件设计开发、调试和技术支持等,分析和处理产品软件相关技术问题
	UI 工程师	依据产品规格书、客户需求、技术规范和质量要求,完成 UI 设计开发、调试和技术支持等,分析和处理产品 UI 相关技术问题
	结构工程师	依据产品规格书、客户需求、技术规范和质量要求,完成结构设计开发、开模、试模、修模和技术支持等,分析和处理产品结构相关技术问题
	测试工程师	负责搭建测试环境,拟定测试用例,按测试工作流程完成产品软件、硬件(功能和性能)、结构装配、可靠性、场测、认证、竞品等测试工作
	计划工程师	负责订单需求转化为物料齐套采购需求,生产计划安排,量产交付

续表

接口人	职责	工作内容
	采购工程师	负责新供应商导入，新零件导入，订单物料采购，成本控制和持续优化
	工程工程师	负责新产品导入，生产流程设计，拟定工位作业指导书，产测指导，生产人员新产品上线培训
	生产工程师	负责生产准备，组织生产，保证生产顺利进行和完成
	技术支持工程师	负责为客户提供技术支持和技术培训服务
	售后工程师	负责产品售后，汇总产品售后问题，定期反馈研发质量工程师改善

目的是项目过程中遇到任何问题，可以直接找到对应人员进行沟通和确认，大大提高工作效率，避免因为找不到人，或找错人出现的各类问题。

先完成内部接口人联系方式和职责填写，与客户见面完成之后，项目经理将此表给到客户项目总负责人，并负责回收回来，然后同步给项目团队，为后面开展合作提供方便。

（2）准备一份《公司质量管理工作介绍》。

新客户首次合作，质量管理工作介绍是很重要的，通过讲解让客户了解公司是如何全方位、全流程开展质量管理工作的，这是向客户提供质量保证的方式之一，相当于给客户吃了一颗定心丸，把项目交给我们，您尽管放心。

简介内容涵盖：

➢ 质量中心组织架构；

➢ 质量管理体系相关认证证书；

➢ 质量管理工作职责和流程。

（3）准备了一份客户沟通话题清单，如表5-6所示。

表5-6 客户沟通话题清单 表单编号：

序号	话题清单	是否完成	沟通记录
1	项目质量负责人是谁，联系方式？		
2	公司质量负责人是谁，联系方式？		
3	质量负责人在公司任职多少年了，主要负责哪些方面的质量工作？		
4	质量负责人在来现在公司之前是在哪家公司任职，做什么工作的？		
5	公司质量部门架构是怎样的？		
6	公司质量管理工作中最关注哪些方面的质量？		

续表

序号	话题清单	是否完成	沟通记录
7	有没有书面质量协议、保密协议和售后协议？		
8	项目有没有书面质量目标、需求、要求和标准等文件？		
9	项目目标交付时间是什么时候？		
10	产品研发过程和流程有没有什么要求？		
11	产品准备卖到哪里去，目标用户是谁？有没有对标的竞品？		
12	产品要做哪些认证，对认证机构有没有要求？		
13	主芯片平台和关键器件供应商有没有要求？		
14	有没有什么器件需要指定供应商？		
15	要做哪些测试，有没有书面测试规范和标准等文件？		
16	有没有特别需要重点测试的项目？		
17	各个阶段测试和试用需要多少台样机？		
18	同步做测试，还是只是审核我们的测试报告？		
19	样机验收流程、标准是怎样的？		
20	最终封样需要多少台样机？		
21	最终整机出货有哪些要求，标准是怎样的，有没有书面标准文件？		
22	要不要验货，什么时候验货，在哪里验货？		
23	开箱不良率要求多少？		
24	保质期要求几年？		
25	客退率要求多少，硬件故障率要求多少？		
26	售后是怎么操作的，流程是怎样的，维修周期要求是怎样的？		
27	会不会做供应商考核，是怎么考核的？		
28	需要我们提供哪些质量相关文件和报告？		
29	确认客户是否有审厂计划，预计什么时候过来？		
30	和客户确认审厂会审哪些内容，有没有需要特别准备的资料？		

客户想要什么，客户希望做成什么样，客户的要求是怎样的，这些需求都需要在项目正式立项前弄清楚，并且达成一致意见，再落实到纸面上，得到客户书面答复确认。

做到以上这些，就需要和客户进行沟通，记录客户需求，引导客户，这项任务做得越早、越细致、越全面，后面项目开展就会越顺利，变更越少，成本越低。

目的是收集客户质量相关需求，又能确保不会忘记和遗漏沟通事项，但实际情况往往是理想很丰满，现实却很骨感，客户不论大小，做任何产品，能够在一开始就想清楚，并说清楚自己想要什么的非常非常少，截至目前没碰到过，所以和客户接口人建立连接后，都需要来回很多轮的沟通，才能最终确定产品质量需求和标准。

通常在团队拜访客户时，很多人一起见面的会议都很难针对某个话题进行深入交流，大家以互相认识、建立联系为主，会议室场面上基本都是各自领导们之间交流，其他人只是各自做个笔记，或偶尔提一两个无关紧要的问题，不会详谈项目细节。我建议会议上大家可以简单交流一下，会后各自再约时间单独交流，形式不限，地点不限，目标不变，也不强求一次沟通就把话题全部交流清楚，可以多次，要求是要把《客户沟通话题清单》里面的疑问全部完成确认。

注意：

➤ 和客户沟通时，并不是像新闻发布会，或者记者采访一样，一个一个问题按顺序和客户一问一答式交流，这样会显得非常生硬，给客户的感觉也很不好。你就正常沟通，也不一定需要在一次会面过程中把所有问题都确认完成，通常客户需求的沟通都会进行好几轮反复，最后才能达成统一。

➤ 话题清单已经有了，不要不好意思问客户，把它当成摆设，胡乱象征性地问了客户几个问题就草草收场，自以为见过客户了，以自己个人理解代替客户真实想法和需求。

另外，这个表格内容不是一成不变的，每个公司产品形态、客户情况各不相同，可以将其作为一个标准化模板不断进行更新、修订和完善，供质量人进行借鉴、参考和使用，针对实际不同客户和项目，制定出更适合当前项目和客户需求的《客户沟通话题清单》。

建议：第一次和客户交流，以倾听为主，记录客户讲话内容，并辅助问题引导，让客户尽可能多讲，慢慢让客户把话题清单里面的问题都讲到。这个过程不要在意说话内容的规范性和专业性，通常都是口语化表述，需要我自己去记录、理解和翻译。这时候如果有不懂或不理解的信息，需要现场和客户进行确认，不要不懂装懂，或不懂也不确认。要记住，最后这些客户需求是都会进入内部项目团队"需求评审"环节的，现在不问清楚，到时候项目团队提问时我解答不上来就尴尬了，这也是我对自己的基本要求。

5.2.4　客户需求管理

客户质量需求各式各样，涉及项目方方面面，相关责任人也很多，为确保客户需求得到满足，让客户满意，就需要进行客户需求管理。

客户拜访结束，接下去就是跟进客户提供质量相关书面文件，并记录发出和接收人信息，如表5-7所示，整理客户提供的质量相关文件。

表 5-7　　　　　　　　　　**客户文件清单**　　　　　　　表单编号：

序号	文件名称	发出人	接收人	是否完成统一确认	备注
1	《×××项目商务合同》				
2	《×××项目质量协议》				
3	《×××项目售后协议》				
4	《×××项目技术文件要求》				
5	《×××项目产品定义要求》				
6	《×××项目硬件要求》				
7	《×××项目外观/结构要求》				
8	《×××项目软件要求》				
9	《×××项目用户界面要求》				
10	《×××项目包材要求》				
11	《×××项目硬件测试标准》				
12	《×××项目软件测试标准》				
13	《×××项目可靠性测试标准》				
14	《×××项目整机出货检验标准》				
15	《×××项目技术培训要求》				
16	《×××项目整机验收标准》				
17	《标书》				招标

从表5-7可以看到，客户的需求信息不仅限于质量相关的，通常还包括：商务、价格、计划、交期、产能、产品规格、外观造型、软件功能、颜色、材质、工艺、验收、封样等。这些会有项目团队其他成员和客户对应人员进行对接。而且并非所有客户需求都是书面文档，更多是通过交流，客户口述的需求，需要我进行记录和整理后形成书面文档。

文档主导部门先完成内部同行评审，然后邀请相关人员进行跨行评审。因为有些内容涉及专业领域，需要专业人员进行确认客户需求有没有问题，是否做不到，或者不必要，或者不相关等，同时也是让相关人员通过评审了解客户需求，避免因为不清楚客户需求，只惯性按公司常规要求执行，最终导致后期设计变更，严重影响计划和成本，直接导致客户不满意和投诉。如果需求有问题，需要给出调整意见，完成评审后，文档主导部门和客户接口人进行沟通，争取需求尽快完成统一，作为合同附件双方正式签字盖章。

项目团队各相关部门先完成客户需求的内部审核和评估，并给出自己的建议或意见，或者是和公司内部标准比对的结果，如表5-8所示。

表5-8　　　　　　　　　客户文档评审记录　　　　　　　表单编号：

客户名称			评审地点	
项目名称			评审日期	
文件名称				
评审人员				
评审内容				
客户文件及编号	客户要求	公司标准	评审意见	与客户沟通结果
评审结论				

评审完成后，还需要和客户进行多轮沟通，双方达成一致意见。

我会依据《评审管理计划》对各部门客户需求文档评审过程和结果进行质量监督和控制，审核评审报告，确保评审工作按流程、规范有序进行。特别是针对客户的需求和风险评估高风险事项，都会重点确认，而不是视而不见，走走过场。

评审完成后输出《客户需求确认表》，如表5-9所示，把获取的客户信息进行汇总和整理，有不清楚的地方继续和客户沟通，得到客户认可后提交公司内部评估。这本身就是一个持续性的工作，没必要害怕，直接去做就行了。

表 5 - 9　　　　　　　　　　客户需求确认表　　　　　表单编号：

序号	类别	待确认事项	确认结果	责任人
1	产品定义需求			
2	项目计划需求			
3	软件需求			
4	硬件需求			
5	外观 & 配色需求			
6	结构需求			
7	包材与配件需求			
8	测试需求			
9	开发过程需求			
10	质量需求			
11	样机需求			
12	文档需求			
13	阶段验收需求			
14	整机验收需求			
15	出货验货需求			
16	售后需求			
17	物流需求			

　　我把这些整理出来后，除了做完自己质量相关文档的审核、评审和确认统一以外，还要和项目团队其他成员进行交流沟通，收集并梳理所有客户质量相关的需求、要求、风险、目标和标准，进行汇总，同步给相应责任人，并在产品研发过程中持续跟进、监督和确认，持续不断和客户保持及时互动，确保需求的落实。

　　最终输出客户需求管理表，如表 5 - 10 所示。

表 5 - 10　　　　　　　　　客户需求管理表　　　　　表单编号：

序号	客户需求事项	目前状态	备注

但是要注意的是，并不是把客户所有需求都单独列出来进行管理，只需要把和公司正常规范、标准有差异的地方（更高标准），或者有风险的项目，或者客户特别提出来的要求，技术人员通常最熟悉的就是公司内部的要求和标准，我做研发质量管理，就需要在公司标准基础上把客户个性化的需求单独列出来进行管理，让项目相关人员提前知晓，并且提前宣导，在设计评审时使用 Checklist 进行审查和确认，避免出现设计疏漏，在测试过程中再次使用 Checklist 确认，确保产品设计满足客户需求。

客户需求管理工作完成统一以后，我接着会继续做以下两项工作：

（1）为客户建立一份《客户质量管理信息档案》，如表 5－11 所示。

表 5－11 　　　　　　　　　　　　客户质量管理信息档案 　　　　　　　　表单编号：

客户名称							
客户经理							
备忘录	《》 YY－MM－DD						
合作项目	名称	立项时间	项目模式	出货数量	客退累计数量	累计客退率	特殊要求
内部确认信息	确认内容		确认结果		备注		
	◆ 是否有质量对应接口						
	◆ 是否需要沟通稽核要求						
	◆ 是否需要沟通协议						
	◆ 是否需要沟通标准、规范						
	◆ 是否需要沟通认证要求						
	◆ 是否需要沟通验货要求						
客户信息提供清单	类别	名称	是否提供原始文件	是否沟通一致	最终执行版		备注
	协议类	客户通讯录					
		◆ 质量保证协议					
		◆ 有害物质限用协议					

续表

类别		名称	是否提供原始文件	是否沟通一致	最终执行版	备注
客户信息提供清单	协议类	◆ 绿色供应商承诺书				
		◆ 售后协议				
	标准类	硬件测试标准				
		软件测试标准				
		可靠性测试标准				
		场测标准				
		配件标准				
		◆ 检验标准（PC-BA/整机/配件）				
	规范类	◆ 产品包装规范				
		◆ 备品包装规范				
		◆ 出货要求				出货报告
		报告/表单模板				
	要求类	◆ 认证要求				
		客供料要求				
		培训要求				
		定制要求				
		零件承认要求				
		备件申请流程要求				
		稽核计划/要求文件				
		项目开发流程要求				
		变更流程要求				
		问题反馈处理流程要求				
		客户投诉处理流程要求				
		售后处理流程要求				保内保外
		其他文件或要求				
客诉记录	序号	客诉日期	客诉内容	是否关闭	8D 报告	备注

每个客户都会有这样一份档案，记录和客户合作过程中所有质量相关的信息，并且持续保持更新，未来与客户持续合作过程中，共享给其他质量人参考。

（2）使用"质量功能展开"（QFD）工具，如图 5-1 所示，组织项目团队一起对客户需求进行分解，转换成产品设计要求、零件要求、工艺要求，最后确定质量控制要求，确保客户需求得到满足。

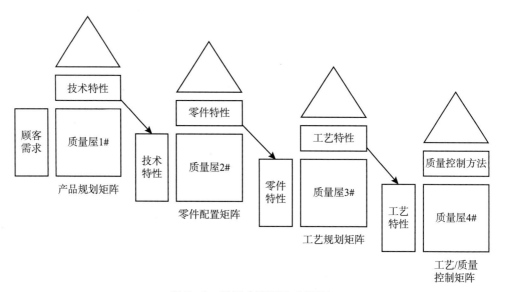

图 5-1 质量功能展开（QFD）

并不是所有客户需求都需要用 QFD 工具进行展开的，通常只是针对客户特别提出的重点要求和目标，或者全新功能，我们以前都没有类似设计，此时为确保研发产品质量，在设计阶段，它可保证将客户的要求准确无误地转换成产品规划→技术特性→零件特性→工艺特性→工艺/质量控制方法；可以保证设计出的产品完全满足客户的需求。

5.2.5 客户审厂准备

如果是新客户，通常都需经历客户的新供应商导入环节，审厂就是必不可少的，为确保能够通过客户现场审核，我需要提前做好准备工作。

新客户在导入新供应商前，都会进行背景调查和现场审查，以确保供应商有能力持续稳定提供符合其要求的产品和服务。

客户审厂工作一般会在项目正式立项之前完成，但也不是绝对的，应视客户时间安排。但我一般建议尽快邀请客户过来，在项目正式立项前完成审核工作，避免项目已经在做了，审厂工作却一直拖着没有落实，等审厂过后却发生客户对我们公司不满意，导致项目合作中止，这就很尴尬了，浪费了公司研发资源。但如果我们对自己公司的状况很有信心，客户任何时候过来，都不担心，通过审核肯定没有问题的，也是可以不必纠结客户什么时候过来的。

通常，在招标项目中，除了正常的产品测试和验收环节外，都会有一个供应商资质审核，所以客户在正式招标前一般都会安排人员到现场进行审核，提前淘汰不符合要求的供应商，确保筛选后的供应商符合其招标资质，降低合作风险，也减少双方不必要的投入。

对于投标方来说，通过客户审厂是第一步要做好的工作，也是最基本的门槛，必须迈过去。

说到审厂，所有人包括老板能够想到的这项工作必然和质量部门相关，自然而然内部的准备工作就会由质量部门主导，所以这项工作落到了我身上，目标就是确保通过客户审厂。

要想通过客户审厂，首先就得知道客户会审核哪些内容，提前做好准备就行。

我是这么做的：

◇ 直接打电话给客户质量接口人，问他会审核哪些内容，访谈哪些人。不要害怕客户，只要问，通常客户都会跟我讲会审核哪些内容的。如果客户讲得实在太简单了，比如，没有特别需要审核的地方，就是过来看看。遇到这种情况，依据自己的供应商审厂专业和经验，我会引导客户，准备好一些客户可能审核的事项，让客户一一确认。通常这时候客户是会告诉我他会不会审核的，确认了我就提前准备好。

◇ 针对客户不肯说的情况，通常电话沟通不是一个好方法，建议可以过去拜访，和客户当面沟通，去之前准备好《客户审厂沟通话题 Checklist》。

不管客户有没有明确的审核内容，以下内容我都会提前做好准备。

客户审厂，通常审核范围及内容包括：

◇ 资质审核，即审核公司基本信息资料。

◇ 体系审核，查看有哪些认证证书，特别是质量管理体系运行情况，审核产品研发相关的文件质量、运行情况、报告、记录等。

◇ 过程审核，即产品研发过程和质量管理情况（包括研发质量和生产质量）。客户通常会选择一个和自己准备立项项目类似的产品进行审核，查看产品研发过程和生产过程相关的标准、规范、流程、报告、记录、操作指导、零件承认、设计变更和客诉处理等信息。

❖ 产品审核，与客户需求类似的产品质量记录，比如检验标准、测试标准、测试报告、生产直通率、售后数据、客诉记录等。

❖ 生产工厂现场审核，如果客户还去生产工厂现场，主要审核工厂的5S、来料和生产过程质量管理、仓库管理、生产现场管理、设备管理、员工培训和工位操作指导等。

客户审核方法包括：

❖ 看公司整体5S落实情况。

❖ 看员工精、气、神，和相关人员交流，了解其思想方法、专业背景和专业程度等。

❖ 看过程、看产品和看文件（包括记录和数据等）等。

❖ 使用Checklist表——审查（质量体系审核、过程审核、产品审核）。

知道客户审核什么、怎么审核后，你应该知道我是怎么准备了的吧。

客户招标项目：

现在很多大客户、大项目，采用招标方式选择合作伙伴是非常常见的。我做研发质量管理，同样需要对这部分工作有足够的认识和理解，提前做好各项质量相关工作的调查研究和准备。

对于客户招标项目，大家共同的目标就是能够中标，这就需要提前和客户进行全方位交流，拿到客户招标需求，通常投标文件包含四部分内容：

❖ 报价部分；

❖ 商务部分；

❖ 技术部分；

❖ 评标方法。

对于产品研发项目团队来说，最需要了解的是三部分：

❖ 技术部分；

❖ 产品验收标准；

❖ 评标方法。

标书拿到后，按需求管理规范进行操作，做好相应产品规划。还需要提前完成自评，找到公司和产品在评分方面不足的地方，提前做出调整和优化。然后启动研发，确保以最优状态参加投标工作。

客户招标技术部分内容通常包括三部分，如表 5 – 12 所示。

表 5 – 12	技术部分	表单编号：
技术文档要求	外观 ID/硬件/结构/包材要求	软件/UI/平台要求
公司简介 & 行业经验（介绍公司信息和行业经验，合作客户信息并提供证明材料，产品优势等）	产品配置基本要求	产品内置软件系统要求
样机 × 套	产品接口要求	产品软件界面要求
产品规格书	产品材质和外观配色要求	产品软件平台要求
产品 CAD 图纸	产品结构和外形尺寸要求	产品与平台对接软件功能要求
产品认证证书复印件	产品配件要求	
公司管理认证证书复印件	产品防溅、防尘、防水要求	
公司组织架构图	产品耐异常电源电压性能	
公司研发能力详述	产品耐温度性能	
可行性分析报告	产品可靠性要求	
风险评估报告	产品安全要求	
产品研发流程	产品寿命要求	
产品系统设计框图	产品标识要求	
项目开发计划	产品专利及认证要求	
研发质量计划与生产质量计划	产品供货要求	
设计评审管理规范	产品质量要求	
设计评审报告二份	产品技术支持 & 售后服务要求	
软件版本发布流程	产品运输要求	
零件承认管理规范	培训要求	
零件承认报告五份	工程安装、调试及系统验收要求	
设计变更管理规范	产品出厂外观检验要求	
软件、硬件、结构装配、可靠性、外观检验、产测、老化测试、例行测试标准和测试用例		
应答产品测试报告		
应答产品生产工艺流程图和工位作业指导书		
QA 点检记录表		

续表

技术文档要求	外观 ID/硬件/结构/包材要求	软件/UI/平台要求
整机出厂检验标准		
应答产品安装指导书		
应答产品维修作业指导书		
应答产品使用培训稿		
同类产品出货 1 年以上实际硬件故障退机记录统计数据，以及 TOP5 问题分析和改善记录		
客诉处理流程		
客诉处理案例报告		
产品安全保障方案		
产品质量保障方案		
产品售后保障方案		

客户招标整机验收标准通常包括七部分内容，如图 5 - 2 所示。

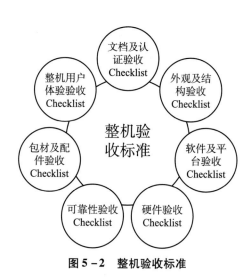

图 5 - 2　整机验收标准

客户招标评标方法通常包括四部分内容，如图 5 - 3 所示。

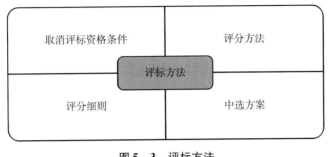

图5-3 评标方法

5.2.6 新技术、新功能、新零件、新供应商、新工艺识别和评估

预研设计完成后,即可梳理出新产品会有哪些新技术、新功能、新零件、新供应商、新工艺等。因为是全新的,以前都没有涉及过,很容易出现问题和疏漏,所以在详细设计之前,我需要和项目团队一起思考和探讨,做好各项准备工作,避免做完使用时才发现各种问题,再改、再换就麻烦了,而且时间、成本、质量都会受影响。

可行性分析和风险评估须包含这些内容,并给出资源需求和应对方案,比如采购人员需要主导新供应商导入流程,测试人员主导新技术/新功能测试方案开发、拟定测试用例和测试设备采购申请等,工程人员主导新工艺验证和工装夹具耗材等研发和采购申请,我主导新零件承认管理等。

5.2.7 确定质量目标和验收标准

为了评判产品研发过程工作质量、过程质量和产品质量,确定产品是否满足客户需求,就需要在一开始就确定项目的质量目标和验收标准,并和客户完成确认和统一。

接着我召集项目团队进行质量宣导,让每个人都知道,在质量方面大家就有了共同的目标和评价标准,有利于研发质量管理工作的开展,未来遇到问题时以此作为评判标准,避免扯皮和争执。

质量目标一般分为:

◇ 结果性质量目标,如表5-13所示。

表 5 - 13 　　　　　　　　　　　**结果性质量目标**　　　　　　　　表单编号：

序号	质量度量	质量目标	考核对象
1	客户满意度	99%	销售经理
2	客户需求满足率	100%	项目团队/责任人
3	客诉次数	0	项目团队
4	评审违规/不通过次数	0	项目团队/责任人
5	变更次数	≤2 次	项目团队/变更申请人
6	模具寿命	≥50 万套	结构工程师
7	不遵照流程执行次数	0	项目团队/责任人
8	文档质量不符合要求次数	0	项目团队/责任人
9	产品认证一次通过率	100%	项目团队/研发＆认证
10	每月客户验货不合格批数	0	生产团队
11	每月物料来料不合格批数	≤1 次	供应商质量
12	PCBA 生产直通率	≥99.5%	生产团队
13	DOA 开箱不良率	≤3‰	生产团队
14	物料存储安全率	100%	仓库
15	售后硬件故障率	每月目标/总目标	项目团队/责任人
16	售后单项不良率	≤5‰	项目团队/责任人
17	售后维修周期	≤14 天	售后
18	顾客反馈问题处理率	100%	研发质量
19	研发文件受控率	100%	研发质量
20	物料供给及时率	100%	采购部
	……		

◇　过程性质量目标，如表 5 - 14 所示。

表 5 - 14 　　　　　　　　　　　**过程性质量目标**　　　　　　　　表单编号：

过程名称	质量度量	质量目标	考核对象
硬件研发过程	硬件改板次数	≤2 次	硬件工程师
	硬件遗留 bug 数	A - 0，B - 0	
	技术文件及时率	≥99%	
	技术文件完整率	≥99%	

过程名称	质量度量	质量目标	考核对象
软件研发过程	软件版本次数	≤5 次	软件工程师
	软件遗留 bug 数	A－0，B－0	
	技术文件及时率	≥99%	
	技术文件完整率	≥99%	
结构研发过程	修模次数	≤2 次	结构工程师
	结构遗留 bug 数	A－0，B－0	
	技术文件及时率	≥99%	
	技术文件完整率	≥99%	
测试过程	测试覆盖率	100%	测试工程师
	测试问题分类正确率	100%	
零件承认过程	零件承认完成率	100%	项目团队/责任人
阶段审核过程	阶段准入审核退回次数	≤1 次	项目经理
SMT 生产过程	生产直通率	99.5%	生产团队
	生产良率	100%	
	生产设备、工装夹具管理完好、校准合格率	≥99	
整机组装过程	生产直通率	>99.5%	生产团队
	生产良率	100%	
	每小时产能	≥×××	
	烤机良率	>99.5%	
	……		

客户招标验收标准通常为 Checklist 形式，我的验收标准包含客户验收标准内容，且会更加详细，包括：

♦ 硬件测试规范及问题判定标准；

♦ 硬件测试标准；

♦ 软件测试规范及问题判定标准；

♦ 软件测试标准；

♦ 可靠性测试规范及问题判定标准；

♦ 可靠性测试标准；

♦ 零件检验标准；

◇ 整机检验标准；

◇ 整机出货质量验收标准。

5.2.8 确定产品认证要求

新产品需要做认证已经是大家的共识了，而且认证本身对于研发质量管理来说是十分有益的。因为通过认证就能够证明产品质量是过硬的，是符合法律法规要求的，且获得了国家认证机构的背书，应该是多多益善。但同时我们也要注意，认证整个环节费时又费钱，我不能只站在质量立场上去看待产品认证这件事。

所以，产品认证的原则是符合法律、法规、行业要求，强制认证一个不能少，非强制认证有选择地做，甚至不做。

产品认证不能使用惯性思维，因为不同国家，不同产品的法律法规和认证要求会有差异，不同客户对产品认证需求也各不相同，在确定产品认证要求时要提前了解清楚新产品会在哪些国家、地区销售，客户认证要求是怎样的，才能最终确定做哪些。

确定后，还需要了解清楚做这些认证的测试要求有哪些，样机需求是多少，什么时候提供，认证周期是怎样的，费用多少，提醒各方提前做好准备。

注意：

➢ 提前和客户确认其对认证机构有没有指定要求。

➢ 产品认证送测前务必按照认证测试要求完成自测，并考虑设计冗余。

➢ 产品送测尽可能提前，同时要考虑和预留第一次送测失败重新送样回归测试的时间。

5.2.9 可行性分析

客户需求确定以后，当然不能盲目启动立项，因为做不到就尴尬了，况且直接损失就会非常严重，是否可行需要谨慎对待。

规划的新产品与竞品对比是否有竞争优势，要求的交付时间能不能做到，期望的成本采购能不能实现，要求的质量目标/标准能不能达到，新功能有没有能力开发，新零件能否满足需求，新供应商能不能稳定提供符合产品需求的高质量零件，新工艺是否稳定可靠，生产工厂产能是否足够；等等。

产品经理产品规格书，内容包括产品描述、产品命名、目标销售市场、目标成本、产品实施计划、外观及结构、配色、材质、工艺、硬件配置、系统软件、认证要求、核心功能、关键器件选型、配件及外设等信息。

项目经理召集公司领导、专家组和项目团队共同进行可行性分析。

我是这么做的：

- ✧　确认产品规格书确定的产品定义系统设计方案可行性，是否能实现；
- ✧　确认客户要求交付时间是否可行；
- ✧　确认项目计划目标外观设计、软件设计、硬件设计、结构设计、模具验收、样机提供、测试完成、新产品导入、零件承认、物料齐套等里程碑关键节点是否可行；
- ✧　确认成本目标是否可行；
- ✧　确认质量目标/标准是否可行；
- ✧　确认所选主芯片平台、关键器件、长周期物料、接口类型是否适合，方案成熟度高不高；
- ✧　确认新技术方案是否可行；
- ✧　确认新功能测试验证方案是否可行；
- ✧　确认物料采购，特别是定制件、非标件物料的采购可行性；
- ✧　确认产品配置是否满足需求，性价比高不高；
- ✧　确认新物料样品测试是否可行，新选供应商基本资质是否符合公司要求；
- ✧　确认新生产制程、新工艺方案是否可行；
- ✧　确认客户重点要求是否能够满足，客户担心问题或风险是否能够解决；
- ✧　确认新产品与竞品对比，产品卖点是否具备竞争优势。

会议结束输出《可行性分析报告》，公司管理层依据此报告决策是否要立项。

5.2.10　风险评估

项目团队不可能由公司最有经验、专业技能最优秀的人组成。对于产品研发来说，必然会有存在不确定性和问题隐患，不可避免会有考虑不周的地方，或能力不足的设计。但是对于公司来说，这些都是风险，风险一旦发生，损失就已经产生，这是不可接受的。

所以，在一开始，项目经理就需要组织公司专家组和项目团队一起针对项目需求、项目规格书、项目计划、项目成本、零件选型（芯片平台、关键器件、新零件）、新技术、新功能、新工艺、新供应商、质量目标/标准、法律法规要求、产品认证要求、生产交付等进行风险评估。

然后摘选出需要重点管控的风险点，提出应对方案和备选方案，对风险进行管理。

风险评估时我通常使用的质量工具是 FMEA，它可以将每个风险点依据严重度 S、频度 O 和探测度 D 进行量化，然后根据每个 S、O、D 值的个体评估对行动优先排序。

FMEA 严格说起来应该算是一种工程风险评估工具，它可以帮助工程师们从一大堆需要被改善的问题清单中梳理出一个清晰的行动优先级，然后针对优先问题给出应对方案。

会议结束输出《风险评估报告》（可以参照 FMEA 报告格式），公司管理层依据此报告做出较正确的风险应对决策。

另外，FMEA 也是一种预防未来错误发生及可靠度失效的评估工具。所谓"事前"预防胜过"事后"矫正，而"防患于未然"这也正是 FMEA 的最主要目的之一，因此 FMEA 几乎都是用在预估未来所可能发生的失效模式。既然是预测还未发生的事情，所以就非常需要有经验的相关人员一起来做"头脑风暴"，并且以团体的力量提供未来可能的失效模式以及是否需要执行应对方案的参考评估。

FMEA 的应用主要可以分成三大类：

➢ SFMEA：System（系统性）FMEA

针对产品做系统性的分析，通常都是从公司出货的产品层级开始，检视系统中的每个组成有无失效模式的可能，并且向下逐步展开到更细部至最低的层级。

➢ DFMEA：Design（设计/研发）FMEA

针对新产品设计所可能出现的失效模式进行分析，最主要针对产品设计、采购与关键零组件选型等设计风险进行评估。

DFMEA 最好在概念设计最终形成前就应该开始直到研发阶段验证结束前，一般在进入 PVT 以前。

➢ PFMEA：Process（制程/制造）FMEA

针对新制程所可能出现的失效模式进行分析，比较偏向直通率、良率与质量进行评估。

PFMEA 最好在生产制造设计定型前直到新产品试产验证完成前执行。

其中严重度 S（见表 5 - 15）、频度 O（见表 5 - 16）和探测度 D（见表 5 - 17）的量化定义没有统一标准，并不是固定和一成不变的，我的建议是只要依据自己公司内部的定义，大家有一致的评分标准就可以了，但不建议与业界差异太大。

表 5 - 15　　　　　　　　　　　　　严重度 S　　　　　　　　表单编号：

后果	评定准则：后果的严重度	严重度
无警告的严重危害	这是一种非常严重的失效形式，它是在没有任何失效预兆的情况下影响到用户安全或违反了政府的有关章程	10
有警告的严重危害	这是一种非常严重的失效形式，它是在具有失效预兆的前提下发生的，并影响到用户安全或违反了政府的有关章程	9
很高	产品无法正常工作，丧失基本功能，顾客非常不满意	8
高	产品能工作，但是性能下降，顾客很不满意	7
中等	产品能工作，但舒适性或方便性项目都不能工作，顾客感觉不舒服	6
低	产品能工作，但舒适性或方便性项目性能下降，顾客感觉有些不舒服	5
很低	产品配合，外观和使用感觉上等项目不良，有 75% 以上的顾客能感觉到有缺陷	4
轻微	产品配合，外观和使用感觉上等项目不良，有 50% 左右的顾客能感觉到有缺陷	3
很轻微	产品配合，外观和使用感觉上等项目不良，25% 以下的顾客能感觉到有缺陷	2
无	无缺陷或无法辨别的缺陷	1

表 5 - 16　　　　　　　　　　　　　频度 O　　　　　　　　表单编号：

失效可能性	评定准则：每 100 台/项目	频度
很高：持续性失效	≥20	10
	15 ~ 19	9
高：经常性失效	10 ~ 15	8
	5 ~ 10	7
中等：偶然性失效	3 ~ 5	6
	2	5
	1	4
低：相对很少失效	1，很少出现	3
	1，几乎不出现	2
极低：失效不太可能发生	1，出现过一次后就再也没有出现	1

表 5 - 17　　　　　　　　　　　　　探测度 D　　　　　　　　　　表单编号：

探测度	评定准则：发现概率	探测度值
完全不肯定	设计控制将不能和/或不可能找出潜在的原因/机理和后续相关的失效模式	10
很极少的	设计控制只有很极少的机会可以查出潜在原因/机理和后续相关的失效模式	9
极少的	设计控制有极少的机会可以查出潜在原因/机理和后续相关的失效模式	8
很少的	设计控制有很少的机会可以查出潜在原因/机理和后续相关的失效模式	7
少的	设计控制有较少的机会可以查出潜在原因/机理和后续相关的失效模式	6
中等的	设计控制有中等的机会可以查出潜在原因/机理和后续相关的失效模式	5
中上的	设计控制有中上多的机会可以查出潜在原因/机理和后续相关的失效模式	4
多的	设计控制有较多的机会能找出潜在的起因/机理及后续相关的失效模式	3
很多的	设计控制有很多的机会能找出潜在的起因/机理及后续相关的失效模式	2
几乎肯定	设计控制几乎肯定能找出潜在的起因/机理及后续相关的失效模式	1

备注：

◇　每个指数（S，O，D）的评分从 1~10。

◇　行动优先级 AP 值不是高、中、低风险的优先顺序，而是降低风险需求的优先次序。

◇　行动优先级 AP 参考 FMEA 第五版。

风险评估内容包括：

◇　客户需求；

◇　质量目标；

◇　项目计划；

◇　成本要求；

◇　设计风险；

◇　采购风险；

◇　可靠性风险；

◇　DFx 风险（可测试性、可生产线、可装配性、可维修性）；

◇　其他风险。

由对应部门针对客户需求、质量目标、项目计划、成本要求、设计、采购、可靠性、零件风险、DFx 和生产过程等进行风险评估，并确认风险点的严重度 S、频度 O 和探测度 D，依据行动优先级 AP 给出应对方案和/或备选方案，如表 5 - 18 和表 5 - 19 所示。

表 5-18　　　　　　　　　　　　**项目 DFMEA 风险评估报告**　　　　　　表单编号：

范围定义	结构分析		功能分析	失效分析				风险分析					优化										
阶段	项目	步骤	项目功能	失效模式	失效影响	严重度S	失效原因	现行预防措施	频度O	现行检测方法	探测度D	DFMEA AP	建议措施	检测方法	责任人	目标完成日期	严重度S	频度O	探测度D	DFMEA AP	当前状态	确认结果	完成日期

表 5-19　　　　　　　　　　　　**项目 PFMEA 风险评估报告**　　　　　　表单编号：

范围定义	结构分析		功能分析	失效分析				风险分析					优化										
阶段	过程项目	过程步骤	过程项目功能	失效模式	失效影响	严重度S	失效原因	现行预防措施	频度O	现行检测方法	探测度D	PFMEA AP	建议措施	检测方法	责任人	目标完成日期	严重度S	频度O	探测度D	PFMEA AP	当前状态	确认结果	完成日期

未来研发质量管理在设计资料评审时进行确认应对方案是否导入，在测试计划审核时确认是否有计划进行测试验证风险点是否会发生，在测试结果中确认风险点是否发生和消除。

5.2.11 拟订质量计划

磨刀不误砍柴工，三思而后行，在做之前先思考清楚研发质量管理在什么时候要做什么，以及怎么做。

产品研发质量工作任务非常多，涉及的相关方也很多，如果不做计划，很容易出现做事没有头绪的情况，做研发质量管理工作，如果自己的工作质量都没有保证，不可能获得项目团队和公司管理层的认可，更不可能做好研发质量。

另外，要做好研发质量工作，不是自己做好就行的，质量，人人有责，需要项目团队所有人共同努力，做好各自本职工作，但是如果没有质量计划，很多人是不知道/不清楚自己项目的质量目标是怎样的、质量标准有哪些、风险点在哪里等，只会按习惯做完自己的任务，至于结果怎样，等后面测试结果看吧，这种情况我是不能接受的，所以我在项目开始前就要拟定《研发质量计划》（见表 5 - 20），《生产质量计划》（见表 5 - 21），通常，质量计划公司是有基准模板的，我只需要依据项目自身特点进行增减和调整。

表 5 - 20　　　　　　　　　　研发质量计划　　　　　表单编号：

客户信息			项目成员		
项目名称	合作方式		客户项目	工业设计	
特殊需求	拟定日期		销售	结构	
样机需求	修订日期		项目质量	工程	
			硬件	测试	
			软件		

标示意义	★客户需求；⊙质量目标；▲潜在失效；●可行性风险							
项目阶段	责任部门	步骤	标示	各步骤控制重点	控制方法	确认结果	备注	确认
概念阶段								

续表

项目阶段	责任部门	步骤	标示	各步骤控制重点	控制方法	确认结果	备注	确认
计划阶段								
开发阶段 （EVT/DVT）								
验证阶段 （PVT）								
发布阶段 （MP）								

表 5-21　　　　　　　　　　　　生产质量计划　　　　　　　表单编号：

项目名称							拟定日期						
客户名称							修改日期						
标示意义	★特殊过程　▲关键过程												

零件/过程编号	标示	工序名称/操作描述	生产设备/工装夹具	特性			方法					执行部门	相关文件	相关表单	处理方法
				编号	检查项目	控制参数	产品/过程范围/公差	评价/测量技术	取样		控制方法				
									数量	频率					

5.2.12　拟订项目质量报告

项目相关的质量信息有很多，如图 5-4 所示，如果没有统一管理，就无法从整体上去把握项目质量。项目团队、公司管理层和客户也没有渠道能够及时准确了解项目最新质量状况，相当于很多工作都白干了，这肯定是不可以的，所以一定要重视，这是对我工作的背书，也能为领导层决策提供依据。

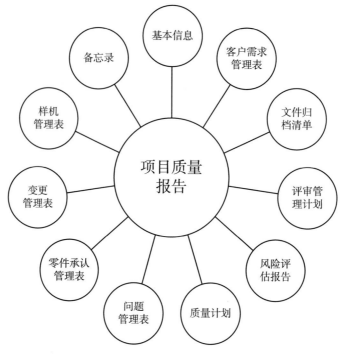

图 5 - 4　项目质量报告

5.2.13　评审管理

我是这么做的：

◇　和项目团队一起梳理出所有评审事项。

◇　我会参加所有评审会议。

◇　监督评审发起人召集跨行评审会，确认评审资料有没有完成"自检"和"同行评审"，即自检 Checklist 报告和同行评审报告有没有。确认发给项目团队的评审资料是否符合质量要求，比如同行评审的问题有没有改正了，文件命名是否正确，参与名单有无疏漏等。

◇　在跨行评审会前确认参与人员是否完成资料审核，即参与人员的自检 Checklist 确认表和问题点是否已经提交给评审发起人。

◇　评审会时，确认必须参加人员是否到齐，会议由评审发起人主导，会上大家不再对审核资料本身进行审查。主要工作是一起讨论和确认各自提交的评审问题，形成统一意见，输出评审报告和评审结论。

◇　评审会后，监督评审发起人依据评审报告要求修改评审资料，依据评审报告结论直接归档、修改后归档，或修改后重新发起评审会。

◇　我负责监督评审报告意见和评审结论的执行和落实，并对归档资料命名、版本号进行审核，完成后归档，如果需要外发，同样需要进行外发审核。

备注：

概念阶段评审包括：外观设计、配色、架构设计、系统设计、平台选型、关键器件选型、手绘草图、2D 图纸、3D 图纸、堆叠设计、3D 结构设计、材质、操作系统、工艺等。

计划阶段评审包括：产品规格书、项目计划、质量计划等。

开发阶段评审包括：软件详细设计、硬件详细设计、结构详细设计、堆叠详细设计、ID 详细设计、UI 详细设计、测试方案和测试用例设计、包材详细设计、配件设计、开模、PCB Layout 设计、CNC 壳体、原型机、改板、修模、改板样机、质量检验标准等。

5.2.14　流程执行监督

我是这么做的：

◇　监督项目团队工作必须严格遵照质量管理体系流程要求执行，确认是否有人违规操作，或者干脆不按流程执行。

◇　流程执行监督并不是全程去监督执行人是怎么一步一步干活的，这是不可能做到的，也不现实。我是通过确认流程执行人的输出文档/记录，以及输出结果的验收结果判断是否符合规范/流程的要求。

5.2.15　文档质量管理

产品研发过程，会从外部接收文档，内部会产生文档，还会外发文档。为确保所有文档得到有效管理，除了文控部门接收、存储、查阅和外发这些基本文档管理工作以外，我需要对文档本身的质量进行管理，确保外部输入的文档得到有效审查、评审和统一，内部归档文档符合文档管理规范要求，审查外发文档版本是否正确。

我是这么做的：

♦ 确认外部文档是否完成评审，并达成统一意见。

♦ 确认外部文档是否重新命名和版本号。

♦ 确认文档命名是否符合命名规则。

♦ 确认文档格式和内容质量。

♦ 确认文档归档版本是否正确。

♦ 外发文档须审核签字，确保不能错发和漏发。

♦ 监督文档归档。

5.2.16　项目质量报告管理

研发质量管理工作和产品质量做得好坏与否，结果都能够体现在《项目质量报告》中，如图 5 - 4 所示。

项目质量相关的信息有很多，需要进行统一管理，这样可以及时了解项目当前的质量状况，给自己和领导决策提供依据。

在研发质量管理中，如何去判断一件事情有没有做好，最直接的方式就是"看结果"。这个谁都能理解，结果不好，说啥都没用。但是在实际工作中，很多时候结果并不是一眼就能看出质量好坏的。这个时候，还有一种方式通常会被我拿来使用，那就是"查看记录"。通过审查各种报告、记录的方式同样能够去判断一件事做得好不好。

这份报告是产品研发质量管理的重要工具，记录了产品研发过程与质量有关的大家都关心的信息，并会实时更新。不论是公司领导、客户、项目经理，还是其他任何相关人员想要了解产品研发过程质量，通过这份报告即可全面了解，无须到处找人问。

➤ 基本信息：记录项目基本信息，包括项目客户、产品主要规格信息、认证要求、设计标准、质量目标、新零件、新供应商、新功能、新工艺等。

➤ 客户需求管理表：记录客户需求信息。

➤ 文件归档清单：记录产品研发过程质量管理体系文档归档要求。

➤ 评审管理计划：记录产品研发过程评审内容。

➤ 风险评估报告：记录项目风险内容。

➤ 质量计划：记录产品研发质量管理内容。

> ➤ 问题管理表：记录产品研发过程所有问题信息。

> ➤ 零件承认管理表：记录项目新增零件信息和新供应商信息。

> ➤ 变更管理表：记录产品研发过程变更信息。

> ➤ 样机管理表：记录项目样机分配、领用和回收情况。

> ➤ 备忘录：记录其他产品研发过程质量管理工作相关信息，可以是领导工作指示、工作经验和教训，信息沟通记录、客户确认信息记录、工作复盘和归纳等。

我是这么做的：

实时更新项目质量状态，并共享给项目团队和公司领导，确保任何人想了解项目当前的质量状况，都可以在第一时间通过查看《项目质量报告》了解。

5.2.17　计划阶段准入审核

概念阶段工作结束了，能否进入计划阶段，需要确认当前阶段各项工作完成情况和质量状况，确保不留问题和风险给下阶段。同时也是规范化和标准化研发质量管理的需要，为后续质量管理体系优化，第二、第三方审核提供依据，为后续产品研发质量管理持续改善和积累经验提供参考。

阶段工作完成以后，项目经理召集阶段准入评审会，提交《×××阶段准入申请表》，如表 5 - 22 所示，并提交所需文档，写明当前阶段遗留问题以及处理意见，项目团队进行审核，并签字确认。我使用《计划阶段准入审核 Checklist》进行审查，如表 5 - 23 所示。

表 5 - 22　　　　　　　　　　×××阶段准入申请表　　　　　表单编号：

项目名称		评审内容	
评审阶段		计划生产	
主导人员		评审日期	
评审结论	□ 通过　　□ 有条件通过（需确认问题及主导人）　　□ 不通过		
主要遗留问题	1.	责任人	
	2.	责任人	
	3.	责任人	
参与人员			

说明：请评审决策人员以书面形式会签记录评审结论的决策意见

续表

会签部门	评审决策意见	会签人签字	会签日期

表 5 - 23　　　　　　　　　**计划阶段准入审核 Checklist**　　　　表单编号：

NO	审核项	类别	负责部门	前期审核状态	当前审核情况说明	审核结果
1. 客户需求收集 & 评审：（确认客户产品需求和客户质量需求）						
2. 质量/售后协议：（重点确认客户对产品 DOA 良率、售后维修率目标、质量事故处罚细则等内容）						
3. 客户标准评审：（对客户各项标准评审，尽可能引导以公司标准，如有风险需反馈）						
4. ID 工艺评审：（重点对行业前沿的工艺可量产性评估？跟踪评估报告和良率预测）						
5. MD 堆叠评审：（重点对滑盖缝隙、翻盖张口、按键设计尺寸和累积公差等评估）						
6. 项目风险审核：（各部门需主动提出风险点，项目团队对风险点的验证措施和方案确认）						

续表

NO	审核项	类别	负责部门	前期审核状态	当前审核情况说明	审核结果
7. 新功能、新物料、关键器件（含电子）审核：（重点：测什么？如何测？如何判定？）						

最终审核意见：
□通过
□有条件通过（需确认问题及主导人）
□ 不通过
审核人：

阶段准入申请说明：

◇　会前：项目经理根据项目计划提前 2 个工作日发出阶段评审的通知，项目质量准备阶段准入审核 check list，各部门在评审前初步反馈完成情况。

◇　会中：项目经理主导阶段准入评审会，项目质量结合阶段准入审核 Checklist 进行逐项确认；项目经理跟踪未完成项目的确认（方案、时间节点）。

◇　会后：项目质量根据确认数据和未完成事项的影响，同项目经理等项目团队成员共同评估是否阶段可准入的结论。

阶段准入申请判定原则和准入决策机制：

◇　通过原则：第一，阶段准入评审经过项目团队有效评估后，审核均满足要求；第二，项目团队签核确认无其他需考虑的问题。

◇　条件通过原则：评估风险不大的问题，且改善对策和解决时间评估不影响生产，评审结果可以带问题有条件通过。

◇　不通过：如问题风险评估较大，则可判为不通过；项目经理及时邮件反馈给公司管理层，比如研发总监、项目总监、质量总监等共同评估。

◇　决策机制：如问题严重，阶段无法评估准入：需反馈给"公司高层领导"共同决策。

5.2.18　概念决策评审

公司高层参与，我的工作是提供质量相关信息的答疑解惑，回答领导提出的各类问题，给他们决策提供依据，决定项目是：终止，暂停，还是继续。

5.2.19 概念阶段质量小结

回顾概念阶段研发质量管理工作实施情况，归纳和总结质量目标、标准和要求达成情况，质量问题处理情况，客户需求满足情况，项目风险是否发生，零件承认情况，流程执行情况，文件归档情况，总结经验、教训，提出提升研发质量管理能力的改善建议。如表 5-24 所示。

表 5-24   **××阶段质量小结**   表单编号：

项目基本情况			
项目名称		客户名称	
项目阶段		制作日期	
项目经理		研发质量经理	
研发质量完成情况小结			
阶段研发质量管理工作实施情况小结			
质量目标和要求达成情况小结			
客户需求满足情况小结			
项目风险是否发生情况小结			
零件承认情况小结			
流程执行监督情况小结			
文件归档情况小结			
项目质量问题情况小结			
质量经验、教训和改善建议小结			
研发质量管理能力提升			

复盘、归纳和总结这个阶段我做了哪些工作，哪里做得很好，哪里做得不好，原因是什么，质量管理体系相关的规范、流程、报表等有无需要改进的。

总结这个阶段学到了什么，我有哪些经验可以保留下来，哪些教训需要吸取，哪些可以直接推广到公司其他项目团队。

通过不断复盘、归纳和总结，把经验转化为能力，不断提升公司整体研发质量管理水平。

5.3　项目计划阶段过程和研发质量管理工作

5.3.1　质量计划评审

同项目计划评审一样，质量计划在发布实施前同样需要进行评审，不过质量计划的评审更多的是宣导意义，因为质量计划依托项目计划，不涉及时间线的修改，主要是要让项目团队清楚知道项目的客户需求、项目风险点、质量目标、标准和要求、公司流程要求，阶段审核要求、文件归档要求、零件承认、法律法规要求、产品安全要求、产品认证要求、样机需求等内容，避免后续出现问题时争辩不知道有这些要求，影响产品研发进度、成本和质量。

我是这么做的：

会前，我先发给内部进行同行评审，然后提前将研发质量计划发给项目团队审核，同时收集和记录大家会前的评审记录，并召集项目团队进行跨行评审，让大家都知道自己的质量职责是怎样的。

会上，每一条我都会进行讲解和说明，并逐条进行解释说明，或者大家共同讨论确定，有的工作任务是有明确责任人的，需要责任人确认有无问题。

会后，我按责任人拆分质量计划，邮件给到对应责任人，并打印出来让其签字确认。

5.3.2　确定样机需求

样机在研发过程是必不可少的，也许你会想样机当然越多越好，但这是不可能的，这也是成本，必须精打细算和严格管理。

我需要梳理清楚哪些部门会有样机需求，一般常规的情况下，各部门样机需求是固定的，公司有现成各部门样机需求清单，主要是针对新产品有差异的地方，比如新功能测试所需样机，新认证所需样机等，以及客户需求情况需要单独进行确认。

和项目团队、客户完成确认后，输出各阶段《样机需求表》。

5.3.3 立项申请审核

项目立项就代表着前期各项评估和预研工作已经完成，项目是可行的，项目正式要启动了，此时项目经理会提交《立项申请表》给我，我需要对前期工作完成结果进行审核，确认项目各项信息是否明确，前期各项工作是否完成，是否符合公司流程，文件是否归档，项目团队、各部门负责人和公司管理层是否认可签字，保证后续项目实施得到大家的一致支持。

确认没有问题后，签字同意。

5.3.4 评审管理

同5.2.13评审管理。

5.3.5 流程执行监督

同5.2.14流程执行监督。

5.3.6 项目质量报告管理

同5.2.16项目质量报告管理。

5.3.7 EVT阶段准入审核

计划阶段工作结束了，项目经理召集阶段准入评审会，提交《×××阶段准入申请表》（见表 5 - 22），能否进入 EVT 阶段，我会使用《EVT 阶段准入审核 Checklist》进行审查（见表 5 - 25）。

表 5 - 25 　　　　　　　　　**EVT 阶段准入审核 Checklist** 　　　　　表单编号：

序号	审核项	类别	归属部门	前期审核状态	当前审核情况说明	审核结果
1. 质量部分确认：（重点为工厂、新供应商审核，材料标准评估和良率预估）						
2. RD 评审通过：（各职能设计评审通过或有明确的改善方案并跟踪）						
3. 开模评审：（可量产性评估、关键位置的设计尺寸和公差评估）						
4. 机电/组件/配件选型：（组件、配件选型，特别是安全器件指标评估）						
5. 试模确认（结构关键料）						

最终审核意见：
□通过
□有条件通过（需确认问题及主导人）
□ 不通过
审核人：

5.3.8　计划决策评审

公司高层参与，我的工作是提供质量相关信息的答疑解惑，回答领导提出的各类问题，给他们决策提供依据，决定项目是：终止，暂停，还是继续。

5.3.9　计划阶段质量小结

参照表5-24，输出《计划阶段质量小结》报告。

5.4　项目开发阶段过程和研发质量管理工作

项目开发阶段分为两个小阶段：EVT阶段和DVT阶段。

依据项目实际情况，每一小阶段还可以重复进行多次，直到项目经理申请准入验证阶段。

5.4.1　质量计划执行和更新

质量计划涵盖：评审管理计划、客户质量计划、研发质量计划、零件承认计划和生产质量计划等。

计划是做好了，然而更重要的事情是我要确保计划得到有效执行，以及随着产品研发的推进，对计划执行情况持续保持更新，贯穿整个产品研发过程，直到项目结束。

我是这么做的：

◇　计划拟订完成之后，先部门内部发布，并召集同行评审。

◇　然后将计划按责任部门进行拆解，分发给各负责人进行确认，同时召集跨行评审。责任人确认有无疑问、问题、修改和补充，同时我要做好客户需求/要求、质量目标/标准、重点控制内容和风险点的宣导，确保大家知晓。

◇　然后将更新后的计划按责任人打印出来，以质量任务书形式分发给各责任人签字确认。

✦ 接下去我会监督这些计划的执行情况，通常我会在计划开始前去和责任人确认，起到提醒作用。

✦ 同时我还会对这项计划任务的输入进行审核，确保输入质量。一般如果不是我直接参与的过程，我不会对责任人的工作过程进行全程监督，比如系统设计过程，这时我只会对输出文档进行审核，就是《系统设计报告》，确认内容符合规范要求。对于我直接参与的过程，我还会对整个执行过程进行监督，比如系统设计评审，我就会对整个评审过程进行全程监督。

✦ 在计划的执行过程中，还需要不断进行状态更新，比如项目计划更新了，我的计划也需要同步更新。比如评审管理计划中某项评审工作已经完成，该项计划同步完成。

5.4.2 新供应商导入质量审核

详细设计完成后，新供应商名录基本确定，需要安排现场质量审核和零件承认管理，确保其有能力持续提供符合质量标准要求的零件。

针对新供应商，我会配合供应链管理人员，提前准备新供应商质量审核资料，内容包括：

✦ 行业质量口碑；

✦ 同行质量评价；

✦ 工厂现场审核（一把手和质量负责人交流话题清单 Checklist、5S 和 5M1E 质量审核 Checklist）；

✦ 质量管理体系审核 Checklist（质量管理体系评价——适宜性、充分性和有效性）；

✦ 工作质量审核 Checklist（工作质量评价——规范、效率和效果，包括工作职责、工作流程、工作规范、工作要求、工作标准、工作记录、培训记录等）；

✦ 过程质量审核 Checklist（过程质量评价——经济、安全、可靠和效率，包括产品项目管理过程、研发过程、测试过程、生产过程、质量管理过程、客诉处理过程等）；

✦ 产品质量审核 Checklist（产品质量评价——标准和客户满意，包括产品体验、检验标准、测试标准、测试报告、生产数据、售后 TOP5 问题、客诉处理记录等）。

对于电子类等标准件供应商，通常只要采购部、法务部、审计部、财务部等审查其基本资质符合要求，质量部通常不做现场审核，完成零件承认即可导入。

对于非标类零件供应商，质量部会安排现场进行质量审核，审核内容包括：

➢ 体系审核（质量管理体系运行情况）；

➢ 过程审核（产品研发和生产过程）；

➢ 产品审核（测试标准和检验标准）；

➢ 现场审核（公司规模，现场 5S、5M1E 等）；

➢ 和一把手、质量负责人交流（组织架构和质量意识等）。

5.4.3　EVT 试产管理

产品研发过程通常会有多次试产，即使同一个阶段，也可能会有多次试产，比如 EVT1、EVT2，DVT1、DVT2 等。

项目经理提交《试产申请表》，如表 5 – 26 所示。

表 5 – 26　　　　　　　试产申请表　　　　　　表单编号：

项目名称						申请人	
软件版本			硬件版本			结构版本	
分类	项目	遗留问题数量					责任人
		A 类	B 类	C 类	D 类	是否特批	
未解决问题点汇总	硬件测试						
	软件测试						
	结构测试						
	可靠性测试						
	造型设计评审						
	硬件设计评审						
	软件设计评审						
	结构设计评审						
	客户测试反馈						
	遗留问题清单	参见附件《问题管理表》					
文件归档	归档文件	参见附件《文件归档清单》					
技术支持	各部门名单	项目部		工程部			
		生产部		质量部			
		硬件部		软件部			
		结构部		测试部			
		售后部					

在开发阶段需要完成全面测试，严格把关（有条件的话研发测试标准适当调高一些，但结果参考还是以既定标准判定测试结果），出现问题点及时分析、改善、验证和关闭，尽量不带问题进试产。这样试产过程样机测试问题会比较少，重点是有利于产线质量稳定。

试产涉及人员很杂，工作很多，一不小心就容易出现各种问题，比如物料问题（新零件、散装料）、BOM 表问题（没有完整的 BOM 表）、制程问题（新功能、新工艺）、生产测试程序问题（首次验证有效性）、工装夹具问题、耗材问题、操作指导书问题、人员培训问题、生产计划安排问题等，为确保试产顺利完成，我需要对试产全过程进行管理。

我是这么做的：

◇ 试产前准备。

➤ 有很多准备工作需要提前完成的，比如：现场支持人员，新零件临时/限量封样和样品，齐套物料，生产资料，工装夹具，耗材，生产软件版本发布时间，生产流程图，工位操作指导书，员工培训、试产生产计划和现场支持人员名单等。为确保准备工作到位，需要召开试产前准备会议，使用 Checklist 一一核对，PVT 阶段的要求要依照量产质量标准执行。

➤ 通常使用试产准备 Checklist 工具，如表 5 - 27 所示。

表 5 - 27　　　　　　　试产准备 Checklist　　　　　表单编号：

项目名称			试产阶段	□EVT　□DVT　□PVT			
试产数量/pcs			试产类型	PCBA　整机	试产日期		
试产目的							
试产流程							
试产支持人员							
RoHS	□有铅	□无铅		烘烤器件：			
点胶	□是	□否		点胶器件：			
序号	项目		类型	状态	责任人	截止日期	备注
计划	试产通知下达		PCBA 整机				
	出货通知下达						
物料齐套（是否已按照计划进入仓库）	电子料齐套		PCBA				
	结构料齐套		PCBA，整机				
	包装材料齐套		整机				

续表

序号	项目	类型	状态	责任人	截止日期	备注
文件	BOM	PCBA，整机				
	CAD file	PCBA				
	Gerber file	PCBA				
	PCB Panel drawing	PCBA				
	Part location file	PCBA				
	Stencil 规格	PCBA				
	贴片加工作业指导书	PCBA				
	组装加工作业指导书	整机				
	包装加工作业指导书	整机				
	各种标签打印要求	PCBA，整机				
	各种标签样品	PCBA，整机				
	零件检验质量标准	PCBA，整机				
	成品检验质量标准	PCBA，整机				
程序	Down Load 程序	PCBA，整机				
	Write S/N 程序	PCBA，整机				
	Calibration 程序	PCBA，整机				
	Confirm 程序	PCBA，整机				
	电性能测试程序	PCBA，整机				
	终测程序	PCBA，整机				
	IMEI 写入程序	PCBA，整机				
	Label 打印程序	PCBA，整机				
夹具	Calibration 夹具	PCBA，整机				
	Confirm 夹具	PCBA，整机				
	电性能测试夹具	PCBA，整机				
	终测夹具	PCBA，整机				
	天线耦合器	PCBA，整机				
	组装夹具（Flip、轴、Dome、整机……）	PCBA，整机				
	测试用屏，TP，Camera	PCBA，整机				
	测试线/D/L 线	PCBA，整机				
	钢网制作	PCBA				
附件	电池、耳机、充电器，OTG 线，数据线……	PCBA，整机				

◇ 试产过程。

➤ 项目团队到生产现场技术支持，保证试产工作顺利完成，在正式开线前和工厂相关生产、工程、质量等人员开试产前会议，确认工厂已经做完全部试产相关工作，比如物料齐套情况、生产工艺流程、工位作业指导书、人员培训情况等。

➢　针对新工艺，和研发、测试、工程和生产人员，如有必要，还可以邀请供应商一起，共同讨论确定新工艺参数，并确定验证计划，如果很复杂，可以使用质量管理工具——实验设计法（DOE），最终确定最优参数。

➢　确认生产流程是否按 DVT 阶段试产后改善意见完成调整，生产工位作业指导是否更新正确，确认上次记录的零件问题有无关闭并记录零件新问题，确认DVT 阶段试产问题这次有没有关闭并记录新生产问题，测试问题，外观问题，直通率数据，良率数据，生产效率数据和小批量生产稳定性等。

➢　试产过程全程跟踪，首板确认并封样，及时协调解决各类问题点，并记录问题，试产完成后，跟进工厂 4 小时内输出《试产报告》，并召集试产后会议。

◇　试产后总结。

➢　和工厂工程、生产、质量人一起召开试产总结会议，确认并讨论试产过程发现的各类问题，初步进行原因分析，明确责任人和期望关闭时间，收集生产改善意见，比如生产流程优化意见，生产工位操作指导书优化意见，产品生产/组装/测试/微维修设计优化意见等。

➢　评审试产样机，研发质量确认生产直通率，确认问题清单（来料问题、产品软件/硬件/结构问题、工装夹具问题、生产制造工艺问题、生产流程问题、工位操作指导书问题、新零件生产制造问题、DFx 相关问题、人员问题等），明确问题责任人和计划解决时间。

◇　试产管理质量控制内容包括：

➢　审核项目经理试产申请；

➢　确认相关生产物料/夹具/软件等准备是否完成；

➢　文件是否归档；

➢　尽可能不带问题进入试产；

➢　生产流程图和生产工艺指导书是否完成；

➢　生产准备工作生产和工程是否完成；

➢　委托加工厂和生产时间是否确定；

➢　项目经理是否完成试产前准备会议；

➢　工程与技术是否完成技术转移；

➢　技术支持人员名单是否确认；

> ➤ 现场质量支持和问题处理；

> ➤ 项目经理是否完成试产后总结会议；

> ➤ 主导完成试产相关软件、硬件、可靠性测试及验证测试，及时更新问题管理表；

> ➤ 完成零件签样承认，通知采购要求供应商提交规格书、承认书、样品以备封样；

> ➤ 审核试产是否通过；

> ➤ 监督整个试产过程是否符合规范和流程要求，确认文档输出质量和归档情况。

5.4.4　测试管理

我不实际参与测试工作，测试涉及零件测试、软件测试、硬件测试、结构测试、可靠性测试、性能测试、场测、用户体验测试、认证样机准备等，涉及拟定测试用例、测试计划、样机管理、测试、问题分类、问题管理、回归测试等工作。

我是这么做的：

> ◇ 对测试人员输出的《测试计划》进行审核，确认测试活动的范围、方法、资源和进度是否符合质量要求，特别是针对新功能、新工艺、新零件、质量目标、客户要求、项目风险点这些内容是否包含在测试计划之中；

> ◇ 测试过程，及时和测试人员互动，了解测试问题情况，重大问题及时推进处理；

> ◇ 测试完成后，测试人员输出《测试报告》，对测试报告进行审核，确认有哪些问题，问题分类是否正确，记录 A、B、C 类问题到《问题管理表》，组织相关人员进行问题确认和分析，跟进问题改善和验证，直至问题关闭。

> ◇ 通常项目测试问题不止 A、B、C 三大类，还会有 D、E 观察项等，但是项目过程中不会要求解决所有问题，一般我会设定一个版本通过的标准，比如软件版本通过标准：0A、0B、5C，D、E 不影响。技术人员收到测试报告问题清单后，就会把精力重点放在解决 A、B 类问题上，确保产品没有大问题，然后逐步解决 C 类问题，确保版本符合通过标准，有时间有能力情况下，尽量减少 bug 数量，降低产品使用问题，可以获得更高客户满意度。

> ◇ 测试过程除了正常测试外，针对测试问题研发给出解决方案后还需要进

行回归测试验证，确认措施是否有效，在回归测试前，测试人员同样会输出《回归测试计划》，考虑到测试效率，通常回归测试计划中的测试项目是有限的，也是有针对性的，覆盖面会很窄，我审核前需要和研发进行确认，设计修改是否会影响其他功能模块，测试计划中的测试项目是否合理。

5.4.5　问题管理

给大家一个印象：我对整个项目质量负责。自己在项目过程中发现的与项目有关的任何问题，都可以第一时间告知我，我会推动问题解决。

在任何时候，问题管理永远是我们研发质量管理的重要工作，也是沟通成本最高的工作，涉及产品研发过程方方面面和里里外外，需要我及时去确认问题，推动研发分析和提出解决方案，跟进相关单位或人员导入解决方案，协调资源进行测试或生产验证改善结果，重大问题和客诉问题还需要复盘和归纳整个问题处理过程，更新规范、流程等文件，避免问题重复发生。

问题管理是一个持续性的工作，无法做到所有问题在本阶段发现即解决，这就需要质量人具备问题的理解能力，要求能够准备判断和处理哪些问题可以带问题进入下个阶段，哪些不可以，即使计划延后也得解决并验证关闭。

我是这么做的：

◇　主动去发现问题。

◇　收集、确认并记录问题到《问题管理表》，如表 5 - 28 所示。

表 5 - 28　　　　　　　　　　　　问题管理表　　　　　　　表单编号：

序号	问题描述	严重度	图片	发生日期	问题投诉点	责任者	原因	改善措施	状态	处理过程	目标完成时间	相关零件或项目	问题来源	问题发生阶段	工厂名称	8D报告编号

序号	问题描述	严重度	图片	发生日期	问题投诉点	责任者	原因	改善措施	状态	处理过程	目标完成时间	相关零件或项目	问题来源	问题发生阶段	工厂名称	8D报告编号

备注：
➤ 问题严重度通常分为 A、B、C 三类：
A 类问题：不符合法律法规，伤害人身或财产安全及其隐患，功能完全丧失的问题；
B 类问题：功能实现，但影响到使用的问题；
C 类问题：对功能的影响不会影响到使用及消费者不抱怨及 A 和 B 之外的问题。
➤ 改善措施分为：
1）临时措施；
2）长期措施；
3）预防措施。
对于改善措施的描述：
1）如何操作就如何描述，不可以用模棱两可的词汇；
2）措施执行者和执行时间需要在措施后面加上；
3）每个改善措施执行后的效果确认需要明确确认者，确认时间和确认结果。
➤ 问题来源通常分为：
1）试产报告
2）原型机调试
3）硬件测试
4）软件测试
5）结构装配
6）可靠性测试
7）竞品对比测试
8）用户体验
9）客户测试
10）零件承认测试
11）生产工厂（IQC/产线/OQC/仓库等）
12）供应商
➤ 问题发生阶段通常分为：
EVT、DVT、PVT 和 MP 四大阶段。

❖ 初步判断，分类问题，明确责任人。

❖ 召集、跟踪和推进相关人员分析、验证和解决，需要临时措施的要求责任人给出，记录问题处理过程。

❖ 重点关注风险评估报告中高风险清单问题措施是否有效，问题是否发生。

5.4.6　零件承认管理

产品研发过程，技术人员设计完成后输出 BOM 表（硬件 BOM、结构 BOM），原则上 BOM 表中的零件和供应商必须优先从公司已承认零件库中选择，但依然不可避免会使用到一些零件承认库中没有的新零件，针对新零件，就需要按照零件承认管理规范和流程进行操作。

零件承认涉及人员和工作很多，贯穿整个产品研发过程，从送样开始，经过样品调试、样机测试和试产验证，到完成封样结束。为确保所选择的新零件在零件特性、规格、结构、封装等符合设计、生产要求，需要对整个零件承认过程进行质量管理，这个管理过程就是零件承认管理。如图 5–5 所示。

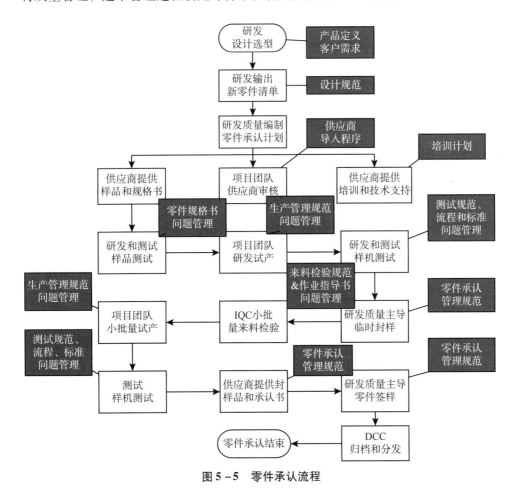

图 5–5　零件承认流程

以下情况需要进行零件承认管理：

✦ 技术人员选用到的新零件；

✦ 已承认零件供应商即将或已经停产，推出了升级替代零件；

✦ 采购提出降低成本需求而选择的新零件；

✦ 主要零件供应商配合度不好、技术支持不到位、或不愿意降价等因素而选择的替代零件；

✦ 采购判断主要零件采购困难，需要增加第二供应商的替代零件；

✦ 客户指定供应商提供的新零件等。

依据技术人员输出的新零件清单，我拟定《零件承认管理表》，如表5-29所示。

表5-29　　　　　　　　　　　　　　零件承认管理表　　　　　　　表单编号：

序号	料号	名称	规格型号	开始时间	完成时间	承认状态	零件状态						供应商	备注
							EVT	问题点描述	DVT	问题点描述	PVT	问题点描述		

备注：
承认状态通常分为：
①未承认；
②已承认；
③限量封样；
④限度封样。

然后和供应链管理人员一起确定零件送样标准，要求供应商提供零件规格书和承认书，内容包含：零件规格、性能信息，零件生产工艺条件，生产数据，检验标准，测试标准，可靠性测试标准，包装规范，存储条件等信息，特殊零件还需要提供设计参考电路和测试验证电路板。

我确认完样品送样质量后，接着和相关IQC和测试人员一起准备公司自己的新零件来料检验标准、测试方案、测试用例、测试流程和测试标准，更新整机检验标准和测试标准，比如 IQC 检验用的《×××零件检验标准》和临时封样承认书、OQC 使用的《×××项目整机检验标准》。

接着，我收集样品调试、样机测试、来料检验和试产过程中的所有问题点，并跟进技术人员和供应商问题分析和提出解决方案，记录问题原因，确认验证结果，直至问题关闭，对新零件承认进行全过程管理。

零件承认管理过程不可避免会出现各种问题，比如来料不良，生产制造问题，性能不及预期，兼容性问题，可靠性测试问题等，出现问题后，研发质量需要第一时间组织问题分析，确定问题责任方，然后跟进问题解决。

零件承认管理因为都是开模定制件、异形件、高价值的关键模组等，一旦出现问题，往往就会涉及修模、变更设计、重选材质、试制、测试验证等过程，验证通过后再重新打样送样需要时间都不短，但是在立项阶段项目经理拟订详细项目计划的时候虽然会预估到这个风险，但是在计划评审时一般不会给这个风险预留太长问题处理时间，所以当风险真实发生时，不可避免会严重影响正常项目计划，这是不可接受的，怎么解决？

➢ 遇到这种情况，首先当然是跟进责任方增加资源投入，加快问题解决进度，争取在原计划时间内解决问题。

➢ 如果实在赶不上，就选用风险评估时准备好的备选方案。

➢ 如果没有备选方案，就要求责任方提出临时措施，问题继续加紧解决。

➢ 如果以上方案都没有，就召集项目团队、责任方负责人和公司领导开评审会，共同商量解决方案，形成评审结论，依据评审会结论执行。

➢ 还有的方案就是采用"限量封样"或"限度封样"，将问题风险控制在可控/可承担范围内，给问题解决争取更多时间。

5.4.7 评审管理

同 5.2.13 评审管理。

5.4.8 DVT 阶段准入审核

EVT 阶段工作结束了，项目经理召集阶段准入评审会，提交《×××阶段准入申请表》，如表5－22所示，能否进入 DVT 阶段，我会使用《DVT 阶段准入审核 Checklist》进行审查，如表5－30所示。

表5－30   **DVT 阶段准入审核 Checklist**   表单编号：

序号	审核项	类别	归属部门	前期审核状态	当前审核情况说明	审核结果
1. 质量部分确认：						
2. RD 评审通过						
3. 开模评审						
4. 机电/组件/配件选型						
5. 试模/修模确认（结构关键料）						
6. PCR 管控						
7. EVT 贴片问题审核						
8. 主板调试审核						

续表

序号	审核项	类别	归属部门	前期审核状态	当前审核情况说明	审核结果
9. 主板改版评审						
10. 组装生产结构准备情况						
11. 组装 SOP						
12. IQC 控制计划 V0.1						
13. 整机检验 0.1						
14. DVT 生产用软件						
15. 工厂可生产性评估（主板和整机）						
16. 物料 & 生产准备						
17. 资料归档						

最终审核意见：
□通过
□有条件通过（需确认问题及主导人）
□ 不通过
审核人：

5.4.9 产品认证管理

大家都知道，委外认证是要有一定周期的，且存在不可控因素和测试失败后回归测试风险，所以需要尽可能提前提交认证申请，预留足够回旋时间，DVT 阶段结束时，设计已经基本定型，技术和测试人员完成自测后，开始准备认证送测的样机，负责认证工作的人员同步准备认证材料，并提交内部认证申请流程。

我需要提前了解清楚认证的流程、周期、质量标准和要求是怎样的，所有工作准备完成后，我进行最后审核，通过后提交认证机构进行产品认证，同时我会跟进产品认证进度和状态，有异常第一时间处理，直至认证结束。

5.4.10 临时封样

零件承认管理中的一个环节，不具备承认条件（承认未完成，或有质量问题未解决）时给出的临时措施。

针对一些开模件和非标件，在 PVT 阶段小批量生产验证结束前是不能承认的，但 DVT/PVT 试产数量通常有 200～2000 台，需要下单采购和检验入库，按照采购规范，没有完成承认的零件是不能批量采购的，为解决这个矛盾，通常解决办法是临时封样，包括：限量、或限度承认，仅用于 DVT/PVT 采购检验入库和生产使用，同时给到供应商按此要求生产和出货，避免由于信息不一致导致发货错误和退货现象。

5.4.11 DVT 试产管理

同 5.4.3 EVT 试产管理。

5.4.12 测试管理

同 5.4.4 测试管理。

5.4.13 问题管理

同 5.4.5 问题管理。

5.4.14 流程执行监督

同 5.2.14 流程执行监督。

5.4.15 文档质量管理

同 5.2.15 文档质量管理。

5.4.16 项目质量报告管理

同 5.2.16 项目质量报告管理。

5.4.17 验证阶段准入审核

DVT 阶段工作结束了，项目经理召集阶段准入评审会，提交《×××阶段准入申请表》，如表 5 - 22 所示，能否进入验证阶段，我会使用《验证阶段准入审核 Checklist》进行审查，如表 5 - 31 所示。

表 5 - 31　　　　　　　　　　验证阶段准入审核 Checklist　　　　　　表单编号：

序号	审核项	类别	归属部门	前期审核状态	当前审核情况说明	审核结果
1. 质量部分确认						

续表

序号	审核项	类别	归属部门	前期审核状态	当前审核情况说明	审核结果
2. DVT 遗留问题审核						
3. DVT 全面测试报告审核						
4. 用户体验和试用安排						
5. 改版评审						
6. 修模报告，PCR 管控，图纸						
7. 组装 SOP						
8. IQC 控制计划 V0.2						
9. 整机检验 0.2						
10. 零件承认（限量 2 - 5K）						

续表

序号	审核项	类别	归属部门	前期审核状态	当前审核情况说明	审核结果
11. 工厂可生产性评估（主板和整机）						
12. 物料准备						
13. 资料归档						

最终审核意见：
□通过
□有条件通过（需确认问题及主导人）
□ 不通过
审核人：

5.4.18　开发阶段质量小结

参照表 5−24，输出《开发阶段质量小结》报告。

5.5　项目验证阶段过程和研发质量管理工作

此阶段的目的是验证生产、工程制造、生产设备、测试设备满足要求的能力，此时产品功能已经完全符合设计要求，硬件、软件等必须是正式版本。

5.5.1　质量计划执行和更新

同 5.4.1 质量计划执行和更新。

5.5.2　PVT 试产管理

同 5.4.3 EVT 试产管理。

5.5.3　测试管理

同 5.4.4 测试管理。

5.5.4　问题管理

同 5.4.5 问题管理。

5.5.5　零件承认管理

前期调试、测试和试产都没有问题的新零件，PVT 阶段确认小批量来料和试产一致性情况，测试完成即可通知采购安排供应商准备零件承认书和封样品。

前期承认过程遗留问题，采用限量/限度方式采购的新零件，PVT 阶段来料检验时确认问题修复情况，试产和测试确认问题有无关闭，通过后，通知采购安排供应商准备零件承认书和封样品。

5.5.6　变更管理

进入验证阶段，设计已经定型，试产过程、测试过程、零件承认过程再发现设计问题，或者客户提出新需求，技术人员相对应做出的任何设计更改都要走设计变更流程。

我负责审核变更申请，监督变更执行、验证和导入。

5.5.7　评审管理

同 5.2.13 评审管理。

5.5.8　零件承认封样

新零件经过来料检验、样品调试、样机测试、试产和小批量验证，符合其规格书标称参数、功能、性能和稳定性，满足整机质量标准，即可承认封样。

供应商提供承认书和封样品，通常一式五份（IQC 1 份、归档 2 份、采购 1 份、返回供应商 1 份），供应商送样前先完成内部审核和签字，我收到后，召集相关人员共同确认承认资料和样品，没有问题各自签字确认，完成零件承认和封样。

5.5.9　整机封样

整机封样过程同零件承认封样，只不过供应商是我们自己，我们项目团队先按照客户《整机质量验收标准》里面的 Checklist 完成自检，确认整机是否符合客户验收要求，确认后内部签字封样，然后提交给客户验收，客户验收通过，客户签字封样，双方各自保存 1~2 份，整机封样完成。

5.5.10　流程执行监督

同 5.2.14 流程执行监督。

5.5.11　文档质量管理

同 5.2.15 文档质量管理

5.5.12　项目质量报告管理

同 5.2.16 项目质量报告管理。

5.5.13　发布阶段准入审核

验证阶段工作结束了，项目经理召集阶段准入评审会，提交《×××阶段准入申请表》，如表 5－22 所示，能否进入发布阶段，我会使用《发布阶段准入审核 Checklist》进行审查，如表 5－32 所示。

表 5－32　　发布阶段准入审核 Checklist　　　　　　表单编号：

序号	审核项	类别	归属部门	前期审核状态	当前审核情况说明	审核结果
1. PVT 遗留问题审核						
2. PVT 全面测试报告审核						
3. 用户体验和试用安排						
4. 客户需求评估及整机封样						
5. 关键料良率和产能						
6. 备料确认						

续表

序号	审核项	类别	归属部门	前期审核状态	当前审核情况说明	审核结果
7. 零件承认（限量/限度或直接承认）						
8. 组装和包装 SOP1.0						
9. 整机检验 V1.0（可用于小批出货）						
10. 小批可生产性评估						

最终审核意见：
□通过
□有条件通过（需确认问题及主导人）
□不通过
审核人：

5.5.14　发布决策评审

公司高层参与，我的工作是提供质量相关信息的答疑解惑，回答领导提出的各类问题，给他们决策提供依据，决定项目是：终止、暂停、还是继续。

5.5.15　量产交接

经过 EVT1、EVT2/DVT1、DVT2/PVT 多次试产，新产品正常生产工作工厂基本已经都熟悉了，量产交接最重要的工作是确保工厂拿到的都是最新版本的生产资料和保障产品能够顺利生产相关的信息，以及项目曾经发生过的问题和解决方案,避免生产过程出现批量性质量事故。

为确保工厂端能够顺利承接新产品转量产,我需要提前和工厂相关人员进行交流,了解其需求和要求,并将这些带回项目团队,提前做好各项准备工作,《量产申请》审批通过后,即刻进行量产交接,如表 5 – 33 所示,完成后,我负责审核需求满足情况,并和工厂进行交接,同时和他们确认是否能满足要求,任何疑问要在第一时间进行沟通。

表 5 – 33　　　　　　　　　　　　　　　量产交接表

项目:　　　　　　　客户:　　　　　　　　　　　　表单编号:

出货种类:□ PCBA □ 整机		结构设计:□ 我司 □ 外协 □ 客户		
项目经理:		研发质量:	硬件工程师:	
软件工程师:	结构工程师:		测试工程师:	

	项目	目前现状	生产质量确认	备注
项目基本信息	生产软件			
	PCBA BOM 表			
	机头 BOM 表			
	整机 BOM 表			
	BOM、软件和结构更改是否均有《技术通知单》			
	加工文件			
	贴片文件			
	生产制造/组装工艺流程图			
	生产组装爆炸图			
	生产工位操作指导书			
	生产测试操作指导书			
	生产测试软件			
	各站测试仪器/夹具/配件清单			
	生产注意事项			
	封样 PCBA 和整机			
	整机出货外观检验标准			
	试产贴片和测试过程的 TOP3 不良项			
	项目主要遗留问题和特殊控制点	解决或预防措施和管控方法	生产质量确认	备注
	项目	研发质量确认是否齐备	生产质量确认	备注
相关文件	产品规格书			
	项目质量报告			
	供应商管理表			

	项目	研发质量确认是否齐备	生产质量确认	备注
相关文件	客户管理表			
	零件承认资料			
	报告（含贴片、整机试产报告、软件、硬件、结构以及可靠性的测试报告）			
	量产申请表			
	项目	是否归档	研发质量签名/日期	生产质量签名/日期
研发各阶段归档文件清单				

5.5.16　验证阶段质量小结

参照表 5 - 24，输出《验证阶段质量小结》报告。

5.6　项目发布阶段过程和研发质量管理工作

这个阶段项目已经进入大批量量产了，此时我的主要工作是确保量产交接后工厂能够保质保量开展大批量生产。

5.6.1　质量计划执行和更新

同 5.4.1 质量计划执行和更新。

5.6.2　量产初期管理

量产初期，项目团队依然需要去到生产现场进行技术支持，因为，即使前面经过了多轮试产，在量产初期，依然不可避免会出现一些前面没有遇到过的问题，或遇到产能瓶颈工位，这时候技术人员在现场就能立即进行问题确认、分析、优化和解决，规避了产线停线等待情况。

必要时，还能邀请关键零件供应商到现场提供技术支持。

5.6.3 首批 DOA 退机分析

DOA 即客户开箱检查发现的不良，原则上，生产过程所有产品需要 100% 完成烧机测试、功能/性能测试和外观检验，从出货到客户收货，中间只有一个运输环节，一旦客户开箱即发现不良，因为是大批量生产，绝对不良数就不会少，是非常严重的质量问题或质量事故，需要特别重视，所以即使量产交接已经完成，我依然需要对首批 DOA 退机组织项目团队进行确认和分析，找到问题发生的根本原因（零件问题、设计问题、生产问题），并解决问题，消除问题隐患。

我依据分析结果，监督解决方案的导入，文档更新等。

5.6.4 首批客退机故障分析

即首批从用户端退回售后的故障机，数量可以依据产品不同各自确定，因为每一台都需要技术人员分析确认，数量不宜太多，建议不超过 30 台。

因为是量产机器，技术人员不会有量产零件，所以原则上只负责问题确认、分析，找到根本原因和给出解决方案，不负责实际维修工作，会标记清楚后返回工厂维修。

我依据分析结果，监督解决方案的导入，文档更新等。

5.6.5 客诉处理（如有）

一旦出现客诉，本身就说明客户非常重视，这不是小问题，要么是影响很恶劣，要么是批量性问题，需要非常重视，第一时间响应处理。

我依据客诉处理流程，先第一时间到现场确认问题和开展调查研究，找到真正问题，组织问题分析和给出临时措施，避免问题进一步扩大，再推进技术人员分析，找到根本原因，并给出解决方案，验证解决方案有效性，其间每天向客户同步处理进度，直到客户端问题完全消除。

客诉不是好事，但事物都有两面性，如果处理得当，依然能够获得客户的认可和表扬，前提是能够在最短的时间内把问题解决掉，把对客户的影响和损失降到最低。

客诉问题解决了，并不一定客诉结束了，还有可能会有客户索赔，或者我们向责任方索赔（如供应商导致的），或者内部奖惩（如内部员工导致的）。

5.6.6　问题管理

同 5.4.5 问题管理。

5.6.7　变更管理

量产初期管理、首批 DOA 退机分析、首批客退机故障分析、客诉处理这些过程中，依然有可能是设计原因导致的问题，需要修改设计，此时任何设计变动，都需要走设计变更流程，需要进行设计变更管理，确保变更工作质量和产品质量。

5.6.8　流程执行监督

同 5.2.14 流程执行监督。

5.6.9　文档质量管理

同 5.2.15 文档质量管理。

5.6.10　项目质量报告管理

同 5.2.16 项目质量报告管理。

5.6.11　研发质量管理工作总结

参照表 5 - 26，对每个阶段的《阶段质量小结》报告进行重新归纳和总结，输出《研发质量管理工作总结》报告。

5.6.12　拟订质量改进计划

通常是对质量管理体系的改进和优化。

5.6.13 持续改进和标准化

落实成标准化文件，改善后续产品研发质量管理工作。

5.6.14 定期售后 TOP3 问题分析

和售后部门形成闭环机制，设定单项不良"红线预警"比例，一旦触及，售后需要立即反馈给我，我继续主导问题分析和解决，在不触及红线预警时，我也会定期去关注售后维修数据，特别是 TOP3 问题，及时组织问题分析和解决，确保产品批量质量。

5.6.15 例行测试管理

产品多批次大批量生产，有可能出现不同供应商零件（替代料）、零件批次性、不同生产线、生产工艺等之间存在差异而导致最终产品质量出现问题，我会通过定期抽查例行测试进行监控。

5.6.16 发布阶段审核

发布阶段工作结束了，我会使用《发布阶段审核 Checklist》进行审查，如表5 – 34 所示。

表5 – 34　　　　　　　　　发布阶段审核 Checklist　　　　表单编号：

序号	审核项	类别	归属部门	前期审核状态	当前审核情况说明	审核结果
客户验收通过						
限度样确认						

序号	审核项	类别	归属部门	前期审核状态	当前审核情况说明	审核结果
测试遗留问题验证和周期性测试						
关键料良率						
物料正式承认						
产线可量产性						

最终审核意见：
□通过
□有条件通过（需确认问题及主导人）
□不通过
审核人：

5.6.17　退市决策评审

公司高层参与，我的工作是提供质量相关信息的答疑解惑，回答领导提出的各类问题，给他们决策提供依据，决定项目是：终止、暂停、还是继续。